일터에 관한
낯선 시선

일터에 관한
낯선 시선

무뎌진 생존 감각을 일깨우는 인문학적 도구 25

김원 지음

머스트
리드북

돈 버는 일에 관한 이런저런 생각들

궁금증 1

졸업을 앞두고 취직을 간절히 꿈꿨다. 내 손으로 돈을 버는 독립적인 사회인이 되고 싶었다. 불안과 두려움 속에서 운 좋게 입사의 기쁨을 누린 것도 잠시, 권태로운 일상이 계속되고 '잠깐, 이게 맞나?'라는 생각이 들었다. 퇴근한 뒤 집에 돌아와 씻고 저녁을 먹고 집안일을 하고 잠깐 눈을 감았다 뜨면 다시 회사에 와 있었다.

무의미하게 느껴지는 일이 늘어갔고, 정신없이 지나가는 하루하루가 따분하기까지 했다. 어느 순간부터 월급은 나의 시간을 판 대가라고 믿게 됐다. 한때는 온 마음으로 바라던 일터였는데, 지금은 싫어하는 곳이 돼버렸다. 회사가 좋아졌다 싫어진 건 내 문제일까, 회사의 문제일까?

궁금증 2

삼십 대 후반, 주변에서 '꿈은 돈으로 살 수 있다'라는 말을 자주 들었다. 작가의 꿈이 있던 사람이 궁핍한 살림살이를 부둥켜안고 컵라면을 먹는 모습을 꿈꿨을 리 만무하다. 앞이 탁 트인 자가 주택, 비가 갠 날 화창한 창가에 앉아 커피를 마시며 노트북을 펼치는 광경을 동경했을 가능성이 높다. 돈이 많다면 작품이 실패해도 해외여행을 가서 기분 전환을 하고 차기작을 준비하면 된다. 꿈은 돈으로 살 수 있다는 말은 일리가 있었지만, 내가 너무 늦게 깨달았다. 꿈 따윈 접어두고 지금부터라도 주식 계좌를 만들고 돈 벌기에 매진해야 할까?

궁금증 3

예전에는 정년퇴직자들을 보면서 '요즘 같은 시절에 정년퇴직이라니 부럽다', '이제부턴 출근 안 해도 되니 좋겠다'라고 생각하곤 했다. 출근을 거듭하고 세상살이가 어떤지 알게 된 이후에는 '붐비는 지하철과 버스에서 치이면서도 결국 출근의 삶을 살아냈구나!'라며 그들을 존경의 시선으로 바라보게 됐다. 자연스레 앞으로 여생을 즐기면서 살았으면 하는 바람이 일었다. 그런데 퇴직 이후 누군가는 삶을 즐기고, 누군가는 회사에 다닐 때보다 더 무기력하게 살아가고 있었다. 두 부류의 사람이 느끼는 행복과 권태의 차이는 어디서 온 걸까?

***

『일터에 관한 낯선 시선』은 일터와 노동, 월급과 경제적 자유, 행복과 권태에 대해 품고 있던 물음의 답을 찾기 위한 목적에서 출발했다. 회사에 다닌 지 어언 25년이 흘렀으니, 답을 찾아 나서기까지 꽤 오랜 시간이 걸린 셈이다. 처음부터 이 같은 주제로 책을 쓸 생각은 아니었다. 시작은 프로페셔널 출근자로서 '어떻게 하면 더 재밌게 살 수 있을까?'란 소박한 고민에서 출발했다. 하지만 행복한 일상이란 답은 요원해 보였다. 출퇴근을 반복하면서 고통과 권태에서 벗어나고자 노력해 봤지만 뭔가 부족했다.

행복한 일상이란 답을 찾기 위해서는 깊이 있는 공부가 필요하다는 생각이 들었다. 특히 '인생 천재'라 부를 만한 위대한 학자와 작가들의 지혜, 그들이 삶을 보는 관점과 구체적 실천 방법을 배울 필요가 있었다. 그렇게 대학원에 진학을 했고 졸업을 했다. 자격을 갖추게 되자 학생들을 가르칠 수 있는 기회가 주어졌다. 강단에 서서 형형한 눈빛으로 묻고 답하며 웃는 그들의 모습을 보고 있노라면, 마치 맑은 우물에 얼굴을 비추는 듯했다.

문득 대학 시절 졸업을 앞두고 나를 지배했던 막연하게 사회인이 되고 싶다는 열망과 그에 따른 좌절과 불안이 떠올랐다. 학생들에겐 용기와 격려, 더 깊고 넓은 삶이 기다리고 있다는 조언이 필요해 보였다. 하지만 그럴듯한 말만 늘어놓아선 안 된다고 생각했다. 젊고 아름다운 영혼이 원하던 일터를 찾는다고 해도, 고속도로 터널을 지나듯 고통과 권태가 반복적으로 찾아올 것이기 때문이다. 경험상 간신히 터널을 빠져나와 해변 모래사장에 도착한다고 해도 비가 억수같이 쏟아질 게 분명했다. 젊고 아름다운 얼굴은 어느새 여행에 질려 화난 모습이 될 게 뻔했다.

'최선을 다해 열심히 일했는데 결국 헛수고였어!'

여기까지만 보면 일터와 노동을 미워한다거나, 출퇴근이 반복되는 삶에 절망하는 건 당연해 보인다. 작가 알베르 카뮈 역시 『시지프 신화』에서 "신의 관점에서 보면 무익하고 절망적인 노동보다 더 무서운 형벌은 없다"라고 말한 바 있다. 굴러떨어지는 돌을 밀어 올리는 일을 영원히 거듭해야 하는 신화 속 시지프는 출퇴근을 반복하는 우리 모습과 닮아있다.

그런데 일터와 노동이 신도 고개를 절레절레 저을 만큼 무거운 형벌이란 깨달음뿐이었다면, 이 책은 세상에 나오지 못했을 것이다. 반전은 시지프가 터덜터덜 언덕을 내려와 굴러떨어진 돌을 다시 밀어 올리기 시작할 때 찾아온다. 그는 굴러떨어진 돌을 닮은, 무익하고 절망적인 일터와 노동에서 대체 무엇을 발견한 걸까?

그 비밀을 회사에 다니며 직접 실험해 보고, 위대한 사람들로부터 배워 깨달은 바를 정리한 것이 이 책이다. 노동과 일터, 인간관계와 다양한 갈등을 다룬 만큼 다소 무겁게 느껴질 수 있지만, 가벼운 마음으로 즐겁게 읽을 수 있도록 최대한 힘을 빼고 썼다. 무거운 어둠은 가벼운 웃음으로 물리치는 게 가장 좋은 법이고, 우리가 바라는 삶은 일터와 노동 너머에 여전히 밝게 빛나고 있기 때문이다.

입사 지원을 반복하면서 인생살이에 필요한 좌절과 실패를 몰아서 겪고 있을 취업 준비생. 회사에 갓 들어가 선배 눈치를 보며 몰래 눈물짓는 사회 초년생. 제법 어른다운 표정을 짓고 있지만 여전한 꿈을 품고 사는 중년 직업인. 그리고 일을 쉬면서 이직을 도모하거나 은퇴를 앞둔 장년층까지 잠깐 기지개를 켜듯 가벼운 마음으로 책장을 넘길 수 있었으면 한다.

책을 펼치기 전 이런 질문이 떠오를 수 있다.

"그래서 그 비밀을 찾은 뒤에는 출근이 쉬워졌나요? 회사와 일을 덜 미워하게 됐나요?"

이 책을 모두 읽고 난 독자에게 되묻고 싶은 질문이다. 내가 찾은 답을 먼저 털어놓는다면 이렇다.

"똑같이 힘들어요. 하지만… 살아가게 되죠."

다 같이 살고 싶어서 이 책을 썼다.

우리, 살아갑시다.

김원

차례
● ● ●

3장. 나아가기

다름을 넘어서 같음을 공유하는 마음

차가운 일터에서
따뜻한 사람을 만난다면

시작하기

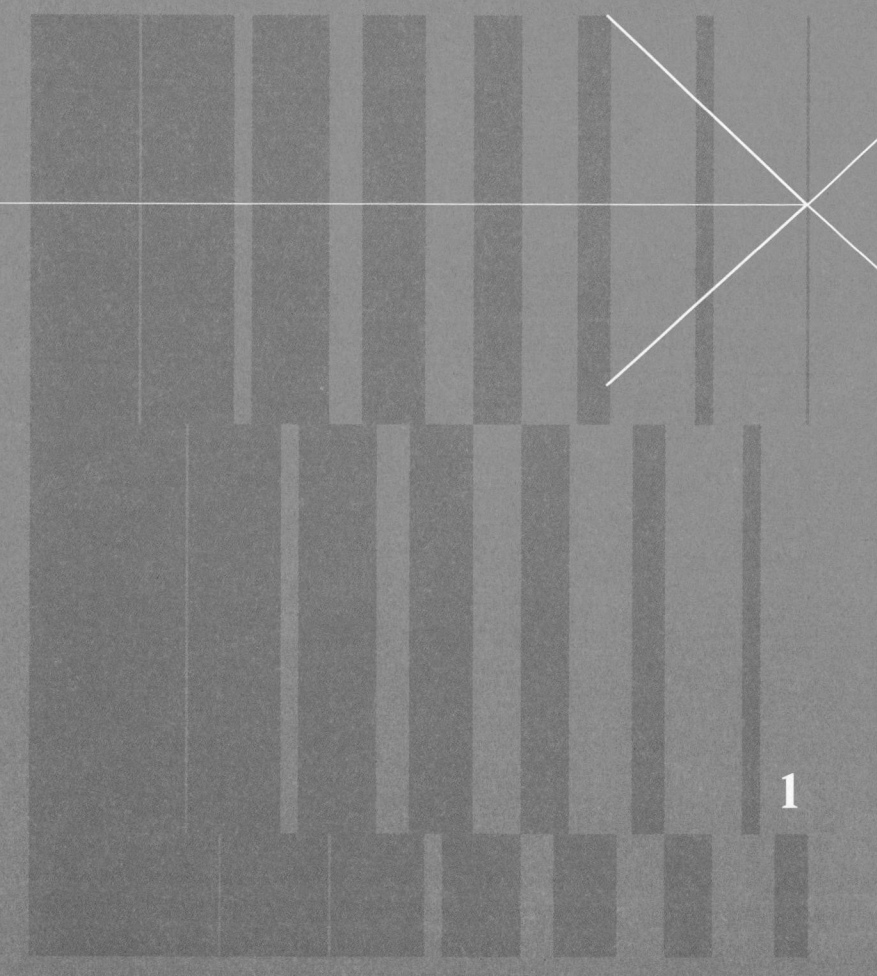

1

입사는
삶의 결정적 순간일까

삶에서 결정적 순간은 언제일까? 사회인이 되는 첫발인 취업이나 자격시험 합격은 많은 사람에게 삶의 결정적 순간처럼 보인다. 공부와 취업, 결혼, 출산, 육아, 퇴직… '모든 일에는 다 때가 있다'라는 말처럼 삶에는 결정적 순간을 표시해 주는 팻말이 고속도로 표지판처럼 줄줄이 걸려 있다.

하지만 만인의 지혜가 응축된 신화와 민담, 동화, 소설 등은 결정적 순간에 대한 오해가 삶을 오인하게 만든다고 말한다. 이런 이유로 대개 좋은 이야기는 그 오해를 푸는 데 집중하는 플롯을 갖추고 있다.

주디 갈랜드 주연의 1939년 개봉 영화 〈오즈의 마법사〉에서 도로시는 토네이도에 휩쓸려 마법의 나라에 떨어진다. 착한 마녀 글린다는 도로시에게 집으로 돌아갈 방법, 곧 삶의 결정적 순간을 알려준다.

"노란 벽돌길을 따라가면 오즈의 마법사를 만날 수 있을 거야. 그럼 넌 집으로 돌아가 행복하게 살 수 있어!"

이제 도로시의 미래는 에메랄드 시티에 가서 오즈의 마법사를 만나는 일에 달린 것처럼 보인다. 그곳에 이르는 방법은 노란 벽돌길에 친절하게 표시돼 있다.

우리 역시 에메랄드 시티처럼 미래가 보장된 좋은 학교와 회사, 직업이라는 목표를 부여받는다. 주변에선 그곳에 가려면 노란 벽돌길을 닮은 인생 트랙을 따라야 한다는 조언을 건넨다. 우리는 학원과 집을 오가는 경로에서 벗어나지 않고 설명서처럼 존재하는 학년별 선행학습을 완수하며 열심히 목적지를 향해 달린다.

수많은 난관을 뚫고 에메랄드 시티에 도착해 드디어 오즈의 마법사를 만나게 된다. 이제 고생 끝, 행복 시작이라며 기뻐하고 있는데 뜻밖에도 충격적인 말을 듣게 된다.

"집으로 돌아갈 방법? 그런 건 나도 몰라."

한눈팔지 않고 공부에 매진해 일생일대의 결정적 순간을 맞이했는데 그런 건 어디에도 없다니 억울하기 이를 데 없다. 영화에서 갈랜드가 부른 노래 〈오버 더 레인보우〉의 가사처럼 무지개 너머에 있을 행복과 미래를 꿈꿔 온 우리는 혼란스럽다.

'이 지긋지긋한 불확실성은 더 이상 없을 줄 알았는데….'

도로시와 마찬가지로 우리도 삶의 결정적 순간으로 지목된 목적지에 도달하는 방법을 찾는 데 온 신경을 집중했지만, 정작 에메랄드 시티 너머에는 좌절이 기다리고 있었다. 삶의 결정적 순간은 도대체 어디에 있고, 어떻게 하면 찾을 수 있을까?

도로시는 길 위에서 지혜가 부족한 허수아비와 심장이 없는 양철 나무꾼, 겁쟁이 사자를 만난다. 그들은 도전 앞에서 망설이고 주춤대는, 덕목이 결여된 우리의 자화상이다. 에메랄드 시티에 집으로 돌아가는 방법이 없다는 사실을 깨달은 도로시는 자신이 지나온 길을 차분히 돌아본다. 아둔한 허수아비의 지혜가 빛을 발하고 양철 나무꾼에게 온기가 돌던 순간, 겁쟁이 사자가 두려움과 맞서 용기 있게 포효한 모습을 떠올린다. 언제나 지나온 뒤에야 선명히 드러나기 마련인 자신이 걸어온 길, 그 여정 자체가 결핍이 충만하게 채워진 삶의 결정적 순간이었음을 깨닫는다.

우리가 무지개 너머에 마라톤 골인 지점처럼 테이프를 내걸고 기다리고 있다고 생각하는 삶의 결정적 순간은 언제나 이미 지나온 길 위에 있다. 용기 있게 길 위에 오르는 게 먼저다. 세상이 우리에게 부조리한 조건으로 단단히 뭉쳐진 위협구를 던진다면, 우리 역시 착한 마녀가 건넨 구두라는 근거 없는 자신감으로 무장하고 '맞힐 테면 맞혀 보라!'라며 삶을 노려봐야 한다. 길 위에 올라 걷다 보면 자연스레 지나온 길이 생기기 마련이고, 어느 순간 돌아보면 그 너머로 삶의 결정적 순간이란 무지개가 둥실 떠오른다.

안전 운전 모드로 달리기

삶의 결정적 순간을 찾기 위해서는 용기 있게 길 위에 올라 잠정적 목적지인 에메랄드 시티를 향해 걸어가야 한다. 하지만 아직 자신만의 에메랄드 시티를 정하지 못했을 수도, 길을 잘못 들어서 날개 달린 황금원숭이가 우글대는 마녀의 땅으로 가는 게 아닐지 걱정될 수도 있다. 이처럼 잠정적 목적지가 없는 사람들을 위한 현실적 전략도 필요하다.

대학에서 상담을 하다 보면 많은 학생이 이 지점에서 망설이곤 한다. "이 회사가 좋을까요, 저 회사가 좋을까요?"라고 주저하거나, 취업 상담을 받았는데 현재의 스펙으론 어림없다는 소리를 듣고 의욕이 꺾인다.

나는 잠정적 목적지를 정하지 못한 이들에게 어떤 현실적 조언을 해줄까 고심하다 자동차 내비게이션의 안전 운전 모드를 떠올렸다. 목적지를 아직 입력하지 않았을 때 운행을 돕는 안전 운전 모드 같은 가이드라인으로서 학생들에게 세 가지 조언을 해주곤 했다.

첫째, 일단 널리 알려진 회사를 목표로 삼아본다. 달리 말하면 직업적 목표가 모호할수록 모두가 선망하는 회사를 에메랄드 시티로 지정하는 게 좋다. 널리 알려진 회사는 축구로 비유하면 명문 구단에 해당한다.

명문 구단은 전통의 강팀답게 체계적인 훈련과 경쟁, 선수 양성 시스템을 갖추고 있다. 무엇보다 배울 점이 많은 일류 선수가 즐비하다. 그들과 함께 훈련하고 경쟁하는 시스템에 스며드는 순간 자신도 모르게 한 단계 성장하게 된다. 그런 회사는 경력 관리 면에서 이직이나 재취업의 가능성이 닫히지 않도록 막아주는 도어 스토퍼가 되어줄 수 있다.

반면 자신의 잠재적 능력보다 한 단계 낮은 회사를 선호하는 사람들이 있다. 그들은 상대적으로 압박감이 덜한 곳에서 내부 경쟁에 시달리지 않고 안정적으로 일할 수 있으리라 기대한다. 그러나 돈이 오가는 프로의 세계에서 일정 수준 이상의 치열함은 기본값이며, 스트레스가 없는 일이란 없다고 해도 과언이 아니다. 조금이라도 나은 환경에서 일을 시작할 기회가 있다면 과감하게 도전해야 한다.

둘째, 주변 평가가 좋은 회사라면 규모가 작아도 도전해 본다. 모두가 원하는 회사에 들어갈 수 있다면 더없이 좋겠지만, 취업문은 언제나 좁기 마련이고 자신이 준비가 덜 됐을 수도 있다. 그럴 때는 현재 지원할 수 있는 곳 중 주변 평가가 좋은 회사를 찾아본다. 여기서 주변 평가란 업계 평판뿐 아니라 그 회사에서 일한 경력이 자신에게 도움이 될지에 대한 판단과 실제로 그곳에서 일한 사람들의 이직 경로까지 포함된다.

지인 중에 언론사 입사를 희망하던 사람이 있었는데, 대학 전공도 그와 무관했고 관련 준비도 부족했다. 결국 그는 몇 번의 실패 끝에 소규모 지역 케이블 방송사에 들어갔다. 일은 힘들고 연봉은 낮았다. 그는 아무래도 회사를 잘못 선택한 것 같다며 투덜댔지만, 막상 그의 이야기를 들어보니 도리어 괜찮은 회사처럼 느껴졌다.

그는 작은 케이블 방송사에서 직무를 가리지 않고 닥치는 대로 일하고 있었는데, 이런 경험은 분업화된 시스템을 지향하는 큰 방송사에선 불가능한 것이었다. 그는 짧은 시간 동안 방송 업무 전반을 꿰뚫는 특별한 경험을 쌓은 셈이다. 회사 선배들 역시 퇴직 후에 좋은 회사로 이직한 사례가 많았다. 나는 그에게 이렇게 조언했다.

"급여가 적다고 불평하는 대신 발상을 전환해 보면 어떨까? 전문 직업 훈련 학교에 다니는데 매달 돈까지 받고 있다고 말이야. 그리고 경력 기간을 채우는 대로 이직을 시도해 봐."

몇 년 후 그는 대형 언론사로 이직했는데, 방송에서 리포트를 하는 모습을 보면 괜히 마음이 뿌듯해지곤 한다.

요즘처럼 경력직을 선호하는 상황에서는 작은 회사에서 경험과 기본기를 쌓는 건 필수 과정처럼 변했다. '경유지 회사 개념'이 자연스러워진 것이다.

이런 기준에서 보면 규모나 당장의 처우는 만족스럽지 못해도 경력에 도움이 되는 회사는 분명히 있다. 회사가 직원을 채용할 때 지원자의 이력을 체크하듯, 지원자도 사전에 입사를 원하는 회사에 대한 주변 평가를 꼼꼼히 체크해야 한다. 그 결과 경험을 쌓을 수 있는 일터라고 판단되면 과감히 도전해 본다.

셋째, 이도 저도 모르겠다면 일단 개인의 성향에 맞는 회사에 도전해 본다. MBTI 덕분에 많은 사람이 자신의 꿈은 몰라도 성향에 대해서는 어느 정도 알고 있다. 사람을 만나면 누군가는 기가 빨리고 누군가는 기운을 얻는다. 창의적 기획 업무를 할 때 흥이 나는 사람이 있고, 관리 업무를 꼼꼼하게 처리하는 데서 희열을 느끼는 이도 있다.

어떤 회사에 취직해야 할지 이도 저도 모르겠다면, 일단 자신의 성향에 맞는 회사와 직무를 택하는 게 좋다. 일도 힘든데 성향 차이에서 오는 스트레스까지 더해진다면 정말 견디기 힘들다. 아직 직업적 목적지가 정해지지 않았다면, 개인 성향이라도 맞는 회사를 선택하는 게 현명하다.

길 위에 오르는 용기

특별한 목표도 없이 떠밀리듯 사회생활에 도전한다고 생각하면 자괴감이 들 수 있다. 앞서 말했듯 취업과 자격시험 합격은 삶의 결정적 순간이 아니라 내비게이션에 입력하는 잠정적 목적지에 불과하다. 성공의 징표라고 믿었던 직장이나 직업도 막상 시작해 보면 기대와는 다를 수 있다. 에메랄드 시티가 궁극의 목적지가 아니듯, 일터와 직업도 의미 있고 소중한 답을 발견하기 위해 길을 나설 평계를 제공하는 수단에 불과하다.

우리는 토네이도를 만나 자신의 의지와는 무관하게 이상한 나라에 떨어진 도로시다. 착한 마녀가 준 구두를 신고 운명이 건넨 보호 마법으로 무장하고 길을 나설 차례다. 입사 경쟁률에 주눅 들거나 한 번의 취업으로 인생이 결정된다고 여기며 결코 완벽해질 수 없는 준비 과정을 반복하는 대신 일단 길 위에 오를 필요가 있다.

그곳에는 자기 안의 아둔한 허수아비와 온기라곤 조금도 없는 양철 나무꾼, 강아지 토토가 짖어대면 눈물을 터트리는 겁

많은 사자가 살고 있다. 그간 애써 외면해 온 내면의 존재들을 친구로 맞이하고 어깨동무를 한 채 삶의 여정을 떠나보자. 힘든 일과 위험한 상황도 있겠지만 보호 마법과 마녀의 구두가 자신을 지켜줄 거라고 믿어보자.

그렇게 언젠가 에메랄드 시티에 도착해 자기 안의 못난이 친구들과 함께 지나온 길을 돌아보면 어느새 길 위에는 무지개가 떠 있을 것이다. 깜짝 놀라 못난이 친구들에게 "저것 봐!"라고 말을 건네면, 지혜와 사랑, 용기가 충만한 친구들이 당신을 안아주며 미소 지을 것이다. 누구도 빼앗지 못할 자기만의 선물처럼 안겨 올 것이다.

To-do List

1. 길 위에 오를 용기 내기

* 완벽한 준비보다 다소 불완전하더라도 용기 있는 출발이 더 중요하다.
* 목표가 명확하지 않다면 당분간 안전 운전 모드로 운행하며 경력을 쌓아가자.
* 삶의 결정적 순간은 미래의 어느 지점이 아니라 자신이 지나온 길 위에 있다.

좋은 회사란
무엇인가

취업이나 이직을 고민할 때 누구나 좋은 회사에 가고 싶어 한다. 지금 다니는 회사가 좋은 회사인지도 궁금하다. 대체 좋은 회사란 어떤 회사일까?

"다 먹고살자고 하는 일인데, 연봉을 많이 줘야 좋은 회사지."

젊은 세대를 중심으로 기업의 워라밸을 중시하는 경향이 확산하고 있다지만, 그 역시 급여가 월 3백만 원에서 4백만 원 이상은 되어야 한다는 전제가 달려 있다. 이런 관점에서 보면 좋은 회사의 일반적 조건은 연봉을 많이 주는 회사라 해도 과언이 아니다. 시간을 들여 일하는데 돈이라도 많이 준다면 그만큼 경제적 자유를 얻게 되니 확실히 좋아 보인다.

그런데 연봉이 높다는 건 그만큼 업무 강도가 세다는 의미이기도 하다. 이는 고소득 직종에서 일하는 사람들의 이야기를 듣거나 승진을 해서 보직을 맡게 되면 확실히 알 수 있다. 업무 강도가 높아지는 건 물론 책임져야 할 영역도 기하급수적으로 늘어난다. 근무 시간 역시 새벽 출근과 한밤중 퇴근이 일상인 경우가 많다.

퇴근 후에도 머리에 껍딱지가 붙은 것처럼 끈덕지게 따라붙는 일에 대한 잡념이 온전한 휴식을 방해한다. 이런 식으로 하루 16시간 일하고 연봉 1억을 받는다면, 실제로는 하루 8시간 일하고 연봉 5천만 원을 받는 직업과 다를 바 없다는 생각도 든다. 게다가 과로와 스트레스가 누적되어 몸과 마음까지 상하기 일쑤다.

실제로 직장인 플랫폼에 들어가보면 연봉이 높다고 해서 자기 회사를 좋은 회사라고 말하는 사람은 많지 않다. 남의 떡이 커 보이듯 좋아 보이는 회사는 있지만 실제로 좋은 회사는 좀처럼 찾기 어렵다. 좋은 회사란 대체 무엇인가? 다시 미궁에 빠진다. 분명 어딘가에 있을 것 같은 환상 속 유니콘을 닮은 '좋은 회사!' 혹시 '좋은'에 답이 있는 건 아닐까?

좋은 회사는 아레테 컴퍼니

"좋은 아침입니다!"

"좋은 의자로군."

'좋은' 아침은 누구나 아는 것처럼, 기분이 좋은(good) 아침이란 의미다. 그럼 '좋은' 의자는 무엇일까? 나를 보며 "오늘은 유독 기분이 좋네요"라고 살갑게 말을 건네는 의자라거나, 앉기만 하면 기분이 좋아지는 의자라는 뜻은 아닐 것이다. 고대 그리스 철학자들은 이런 때를 대비해 '아레테(arete)'라는 개념을 만들었다. 탄생한 모든 건 그 자체로 목적이 있다는 의미에서 본연의 '목적에 부합하는 탁월한 좋음', 곧 훌륭한 상태를 아레테라고 했다.

의자는 사람이 걸터앉는 가구라는 본연의 목적에 충실하게 앉기 편하면 좋은 의자가 된다. 마찬가지로 에어컨은 시원한 바람이 잘 나오는 것, 자동차는 빠르고 안전하게 목적지에 데려다주는 것 등 제 기능에 충실하다면 좋은 에어컨과 자동차다. 본연의 목적에 충실하다면 탁월하게 좋은 것이 된다.

이런 관점에서 보면 책에서 배운 대로 기업이 열심히 물건을 만들어 이윤을 내고 사회적 책임을 다하며 고객에게 가치를 제공하면 좋은 회사라 할 만하다. 하지만 이는 회사 입장에서 자기 목적에 충실한 것이고, 내가 걸터앉기 편한 의자를 좋은 의

자라고 하는 것처럼 직업인으로서 나의 목적에 충실해야 좋은 회사가 아닐까?

중년에 은퇴하는 파이어족(FIRE族)이 목표라면, 일이 고되고 자유시간이 없어도 연봉을 많이 주는 곳이 자기 목적에 부합하는 좋은 회사다. 딱 40대까지만 일하겠다는 식으로 기한을 정해두면 고된 일도 참을 만하고, 실시간으로 불어나는 계좌 잔액을 보며 은퇴 계획을 세우는 건 제법 즐거울 수 있다. 마찬가지로 워라밸을 중시하는 사람에겐 정해진 근무 시간을 철저히 지키고 훌륭한 복지를 제공하는 곳이 좋은 회사다. 그런 곳에 다니면 퇴근 후엔 취미 생활을 하며 소소한 행복을 만끽할 수 있으니 자신이 원하는 좋은 회사라 할 수 있다. 실무 경험을 쌓고 싶은 이에겐 도전 기회가 주어지는 곳, 사회의 그늘을 걷어내고 싶은 이들에겐 가족 같은 분위기의 사회적 기업이 좋은 회사가 될 것이다.

요컨대 좋은 회사란 좋아 보이는 '굿 컴퍼니'가 아니라 자기 목적에 부합하는 '아레테 컴퍼니'다. 좋은 회사는 객관적으로 존재하는 게 아니라 개인이 정한 목적에 따라 규정되는 존재다. 일단 좋은 회사를 굿 컴퍼니가 아니라 아레테 컴퍼니로 인식하면 주변의 인정을 받기도 쉬울 뿐 아니라 주체적인 삶을 즐길 수 있다.

예를 들어 마당 한가운데 놓인 나무 둥치는 거추장스러운 나무토막에 불과하다. 하지만 "이건 제가 차를 마실 때 사용하는 의자입니다"라고 자신의 목적을 규정하는 순간, 상대방은 "아, 아름답고 좋은 의자네요"라고 말하게 된다. 자신이 그 목적을 규정했을 뿐인데 타인에게도 인정받게 되는 것이다.

입사와 이직을 준비하는 기간 역시 마찬가지다. 누군가는 그 기간을 '표류', 다른 누군가는 '휴식'이라는 단어로 표현한다. 특별히 하는 일 없이 쉬고 있다는 건 같지만 자신이 정한 목적에 따라 불안과 평온, 정체와 충전의 기간으로 갈린다. 마찬가지로 좋은 회사를 어떻게 정의하는지에 따라 회사의 목적에 자신이 종속될지, 자신의 목적에 회사가 종속될지가 결정된다. 이는 향후 주체적인 삶을 즐길 수 있는지 여부를 가르는 중요한 차이로 작용할 수 있다.

미래의 목적지를 향해

예전에 상담했던 학생에게서 메일을 받은 적이 있다. 몇 군데 회사에 합격해 최종적으로 그중 한 곳으로 결정했는데, 이 결정이 잘못된 건 아닌지 걱정된다는 내용을 담고 있었다. 입사라는 첫 단추를 잘못 끼우면 사회생활이 험난해진다. 이런 이유로 학교를 졸업하고 사회에 첫발을 내딛는 이들은 선택을 두려워하고 혹시나 잘못될까 봐 초조해한다.

하지만 삶은 나름의 목적에 따라 찾아낸 여러 여행지를 하나로 연결한 여정이다.

"에펠탑을 보러 파리에 갈 거야. 부르고뉴 지역에 들러 프랑스 포도주를 맛본 뒤 바다 수영을 하러 깐느 해변에 가야지."

이 같은 여행 계획처럼 먼저 이루고자 하는 목적에 부합하는 장소를 찾아야 한다. 여행의 목적지가 없으면 기대감이 사라지고 아름다운 풍경도 눈에 들어오지 않는다. 반면 여행의 목적지가 있으면 도중에 작은 접촉 사고가 나더라도 소소한 에피소드로 대수롭지 않게 넘길 수 있다.

"내가 바다 수영하고 싶어서 깐느에 갔는데 말이야, 그런 일도 있었다니까."

왜 일을 하는지 명확한 목적을 정했다면, 현재 일하는 곳이 좋은 회사가 아니어도 받아들일 수 있다. 이는 궁극의 목적지에 이르기 위한 중간 경유지에 불과하기 때문이다. '3년 후엔 학위를 따고 이 분야 전문가가 돼야지' 같은 현재 하는 일과 관련된 것도 좋고, '5년 후엔 돈을 모아 작은 꽃가게를 열어야지' 같은 창업과 관련된 것도 좋다.

하루하루 버티기보다 1년 후, 5년 후, 10년 후의 목적지를 향해 달리다 보면, 지류가 모여 바다로 가는 큰 강줄기가 되듯 삶의 방향성도 한 곳으로 정렬된다. 매 순간 지나온 곳은 쓸모없는 시간 낭비가 아니라 목적지에 이르기 위해 거쳐 온 경유지로 기억된다. 일하는 목적이 분명하다면, 경로에 존재하는 회사는 좋은 여행의 일부가 된다.

굿이 아니라 아레테를 묻는 것만으로, 취업은 잘못 끼우면 처음부터 다시 시작해야 하는 단추 채우기가 아니라 조정과 상승만이 존재하는 지퍼 올리기가 된다. 일단 목적을 품고 일을 시작했다는 건 지퍼의 이가 맞물렸단 뜻이다. 때론 지퍼가 수월하게 올려질 때도 있고, 이직과 퇴직으로 시행착오를 겪으며 잠시 내렸다가 올려야 할 수도 있지만 위를 향한다는 것만큼은 변함없다.

To-do List

2. 일의 목적 정하기

* 좋은 회사는 남의 눈에 좋아 보이는 굿 컴퍼니가 아니라 자신의 목적에 맞는 아레테 컴퍼니다.
* 1년 후, 5년 후, 10년 후에 가고 싶은 자기만의 목적지를 정하자.
* 취업은 잘못하면 처음부터 다시 시작하는 단추 채우기가 아니라 조정과 상승으로 목적지에 도달하는 지퍼 올리기다.

취업 준비는
자책의 연속이다

어니스트 헤밍웨이의 소설 『노인과 바다』는 84일 동안 물고기를 한 마리도 잡지 못한 어부 산티아고의 이야기를 그린다. 물고기를 잡지 못하는 어부라니, 회사로 치면 그 사람의 경력은 끝났다고 볼 수 있다. 사람들은 산티아고를 안타까워하면서도 조롱거리로 삼는다. 그가 아끼는 소년 마놀린도 부모 등쌀에 못 이겨 결국 다른 배를 타게 된다. 자존감이 땅에 떨어졌을 법한데도 산티아고는 묵묵히 어구를 챙겨 바다로 나간다.

취업을 준비하는 과정은 거친 바다에 나가 물고기를 잡는 어부들의 경쟁과 닮아있다. 그 과정에서 만선의 기쁨을 맛보는 이도, 매번 빈손으로 돌아오는 이도 있다. 패자는 가장 먼저 실패 원인을 곱씹게 되는데, 결론은 언제나 자신의 노력이 부족했거나 능력이 부족했거나 둘 중 하나로 귀결된다.

'이 정도도 못 해내다니 노력이 부족했나?'

'나는 무능하고 쓸모없는 존재인가?'

자책은 자존감 상실로 이어진다. 이런 감정은 매우 괴로운 것이어서 시간이 지난 후에도 생생하게 기억난다.

스스로 납득할 수 있는 삶

대학 졸업을 앞두고 몇 년 동안 신규 채용이 없던 회사들이 신입 사원을 뽑는다는 소식이 들려왔다. 하지만 채용 시장에서는 정체된 졸업생과 졸업 예정자가 뒤섞여 치열한 경쟁을 펼치고 있었다. 대학 시절 나는 기업 행사장 통역부터 건설 현장 막노동까지 다양한 아르바이트를 해서 모은 돈으로 어학 연수를 다녀왔다. 일을 마치면 불이 훤히 켜진 학교 도서관으로 돌아가 책을 읽고 글을 쓰며 공부를 했다. 그러나 치열한 경쟁 앞에서 그런 사회 경험과 노력 따윈 쉽게 무시되는 듯했다.

"요즘 같은 때 이 정도 스펙으론 어렵지."

취업 상담을 받거나 입사 시험을 볼 때마다 이런 말을 듣곤 했다. 이력서에 쓸 수 없는 것들은 아예 시간 낭비 행위로 취급됐다. 그때마다 이면지의 글자처럼 그간의 삶이 통째로 부정당하는 듯했고, 연이은 실패에 좌절하고 낙담할 수밖에 없었다. 그러다 전부터 이루고자 했던 꿈이 떠올랐고, 가망 없는 취업에 시간 낭비를 하느니 차라리 나만의 꿈을 향해 정진하는 게 더 낫겠다는 생각에 이르렀다. 가깝게 지내는 선배에게 속내를 털어놓았더니 이런 조언이 돌아왔다.

"너의 꿈과 취업 포기는 직접적인 연관이 없어. 꿈에 이르는 경로는 여러 가지가 있는 법이니까. 도리어 꿈이 이뤄진다 해도 어느 시점에는 반드시 '실패를 피하려고 이 길을 선택한 건 아니었을까?' 하고 묻게 될 거야. 합격증을 받고 나서 입사를 포기한다면 모를까, 도전하기도 전에 미리 포기해 버리는 건 나중에 자신을 납득시키기 어려워. 결과는 둘째치고 스스로 납득할 수 있는 삶이 더 중요한 게 아닐까?"

말을 마친 선배는 노인을 격려해 준 소년처럼 내 장점을 한참 동안 이야기하며 응원해 줬다. 나는 그의 이야기를 듣는 내내 머릿속이 멍해졌다. 선배의 조언에는 도전 앞에서 명심해야 할 세 가지 중요한 메시지가 담겨 있었다.

* 꿈을 이루는 과정은 양자택일이 아니다.

* 도전 과제가 클수록 자기 합리화와 자기 연민의 유혹도 강하다.
* 스스로 납득할 수 있는 삶을 살아야 한다.

도전 앞에선 누구나 나약해진다

주변에서 취업이란 도전을 마주한 사람들을 보면 비슷한 고민을 하고 있음을 발견하게 된다. 대학원에 진학해 공부를 더 하고 싶은데 집안 형편상 꿈을 접었다는 사람도 있고, 부모님이 반대해 가고 싶은 길을 포기했다는 사람도 있다.

우리는 꿈을 이루는 과정을 시한폭탄 앞에서 빨간 줄을 자를지 파란 줄을 자를지를 고민하는 양자택일의 과정으로 생각하는 경향이 있다. 그러나 꿈을 이루는 과정은 기회가 딱 한 번만 주어지는 양자택일의 폭탄 해체 과정이 아니다.

공부를 더 하고 싶은데 집안 형편이 어렵다면 취직 후 돈을 모아 대학원에 진학해도 된다. 주경야독이 고된 건 사실이지만, 도리어 회사라는 플랜B를 마련해 두고 꿈에 도전한다는 점에서 주변의 부러움을 살 수도 있다.

마찬가지로 부모님의 반대를 손쉬운 포기의 이유로 삼으면서 자기 연민에 빠져들었던 게 아님을 증명하려면 입사 합격증을 손에 쥐려는 노력을 보여야 한다. 자녀가 목표를 위해 최선을 다하고 있다고 느낀다면 부모 입장에서도 계속 반대하기 어렵다. 어느 쪽이든 환경 탓, 남 탓을 하는 것보다 더 나은 결론에 이를 수 있다.

이런 나약한 마음은 크고 중요한 도전일수록 강하기 마련이다. 도전 앞에서 덜컥 겁이 나고, '무엇 때문에'라는 자기기만과 자기 합리화의 유혹에 나부끼기 시작한다. 하지만 실패로 인한 자책에서 도망치려 할수록 비겁한 회피는 아닌가 하는 의문은 끝까지 따라오는 법이다. 자기변명의 의혹에서 벗어나려면 당당하게 도전에 응해서 증명하는 방법밖에 없다. 그런 다음에는 필연적으로 존재할 수밖에 없는 실패를 받아들이는 방법을 배워야 한다.

다시 일어서기는 인간의 일

이미 84번의 실패를 경험한 산티아고는 주변 사람들의 조롱을 짐짓 못 들은 척했지만, 소년이 자신의 배에 탈 수 없는 건 그가 고기를 못 잡은 탓이 분명했다. 자책감에 시달리며 괴로워하던 그는 어느 때보다 절박한 마음에 사로잡힌다. 그리고 드디어 기회가 찾아온다. 거대한 청새치가 낚싯줄에 걸려든 것이다.

그는 자신의 노력과 능력이 부족했던 게 아님을 증명하기 위해 밤낮으로 사투를 벌인 끝에 결국 대어를 낚는다. 하지만 바다는 그에게 영광의 순간을 손쉽게 맛보게 해줄 생각이 없다. 피 냄새를 맡은 상어 떼가 몰려들고 경쟁의 2막이 시작된다. 산티아고는 청새치에게서 상어 떼를 떼어내기 위해 몽둥이를 내려치며 결연히 외친다.

"인간은 패배를 위해 태어난 게 아니야. 인간은 파괴될지언정 패배하진 않아!"

이 싸움에서 산티아고는 승리했을까? 항구로 돌아왔을 때 거대한 청새치는 상어 떼에 살을 모두 뜯기고 앙상한 뼈만 남은 채였다. 모든 걸 쏟아부었지만 최종 면접에서 떨어진 수험생처럼 그의 손에는 아무것도 남아있지 않았다. 산티아고는 소년을 만나 자신의 실패를 담담히 고백한다.

"내가 졌다. 마놀린. 놈들에게 지고 말았어."

경쟁에는 승자와 패자가 있기 마련이다. 우리는 고난 끝에 승리한 영화 주인공에 자신을 대입하는 일에 익숙하지만, 현실은 정반대다. 대중 매체에서 성공 신화를 자주 소개하는 이유도 역설적으로 실패가 보편적인 일이기 때문이다. 흔하게 보이는 10대 1의 경쟁률은 9명의 실패를 전제하듯, 살다 보면 자연스럽게 높은 확률로 실패가 찾아온다. 진학 실패, 취업 실패, 승진 실패, 사업 실패…. 그때마다 처참히 파괴되는 자신의 노력을 속수무책으로 지켜볼 수밖에 없다.

하지만 산티아고가 그랬던 것처럼 소년 역시 파괴와 패배를 구분해 낸다. 소년은 할아버지에게 결코 진 게 아니라고 말한 다음, 가족이 뭐라 하든 내일부터 다시 배를 타러 가겠다고 다짐한다. 오늘의 노력은 파괴됐을지언정 내일의 산티아고는 어구를 챙겨 대양을 향해 나아갈 것임을 소년은 알고 있다. 자연이 주는 실패와 파괴에 응전하는 한 궁극적인 패배란 없음을 알고 있었던 것이다.

취업에 성공해도 치열한 경쟁 사회가 요구하는 존재 증명은 끝이 없다. 오늘 대어를 잡았다고 해도 내일은 또 다른 시험이 우리를 기다리고 있다. 그때마다 실패는 어김없이 찾아온다. 굳이 실패를 곱씹으며 '그랬어야 했는데…'라며 이유를 찾으려 애쓸 필요가 없다. 필요한 교훈은 이미 경험치로 습득했고, 무지개는 지나온 길 위에 떠올라 있다.

중요한 건 자책을 떨쳐내는 일이다. 산티아고처럼 소년이 가져온 우유가 듬뿍 들어간 커피를 마시며 숨 고르기에 집중하자. 사자의 꿈을 꾸며 어구를 챙길 힘을 회복할 필요가 있다. 소설의 마지막 장면처럼 지나가던 누군가가 뼈만 앙상하게 남은 청새치 꼬리에 깃든 아름다움을 발견할 수 있도록 무심히 내일의 배를 밀고 나갈 차례다. 실패와 파괴는 자연의 일이지만, 패배를 딛고 다시 일어서는 건 인간의 일이기 때문이다.

3. 다시 일어서는 법 배우기

* 꿈에 이르는 길은 양자택일이 아니라 다양한 실현 경로가 존재함을 인정하자.

* 자신의 선택이 세월이 흐른 뒤에도 납득할 수 있는 것인지 돌아보자.

* 실패는 자연의 일이고, 패배를 딛고 다시 일어서는 건 인간의 일임을 깨닫자.

아무리 봐도 이상한

회사라는 곳

신입 사원 시절 팩스를 보낼 일이 있었다. 당시 회사에선 팩스가 흔하게 사용됐지만 개인이 팩스를 보낼 일은 거의 없었으므로 당연히 작동법을 몰랐다. 팩스 앞에 서 있는데 선배가 다가와 핀잔을 주며 말했다.

"팩스 보내는 법은 기본이잖아. 당연한 것도 모르면 어떡해!"

그 말을 듣고 '아! 회사에서 팩스 사용법은 기본 상식이었구나'라고 생각하고 대수롭지 않게 넘겼다. (지금 생각해 보니 선배말을 그렇게 대수롭지 않게 넘겨도 됐나 싶다.)

어쨌거나 출근을 거듭하며 회사에는 이런 '당연히 알아야 할 상식'이 많다는 사실을 깨달았다. 이건 이래서 당연히 알아야 하고, 저건 저렇게 하는 게 당연하고⋯. 사장을 향해 인사하듯 결재란에 도장을 기울여 찍는다는 일본의 어느 회사가 도리어 귀여워 보일 정도로 기괴한 규칙이 곳곳에서 튀어나왔다. 그런 문화를 태연하게 받아들이는 회사 사람들을 보면서 혼란은 더욱 가중됐다.

'출근 첫날부터 어째 싸늘하다.'

'내가 취업한 이곳은 이상한 회사일지 모른다.'

처음 회사 로비에 들어선 순간 경험하는 이런 불길한 느낌은 신입 사원부터 경력직까지 연차를 가리지 않고 찾아온다. 그렇다고 어렵게 들어간 직장을 그만둘 수도 없는 일이다. 대다수가 '그냥 나도 이상한 사람인 척하지 뭐!'라며 마음을 다잡고 회사에 적응하기로 한다. 그러나 비정상을 정상으로 받아들여야 하는 인지부조화를 극복하고 적응하는 과정이 쉬울 리 만무하다.

회사는 미지의 부족이 사는 별난 마을

회사는 왜 이처럼 이상한 걸까? 이유는 여러 가지가 있지만,

자신의 일상과 동떨어진 낯선 세계이기 때문이라는 설명이 가장 합리적일 듯하다. 일상은 자신을 중심으로 돌아가지만, 회사는 이윤 추구와 같은 별난 목적을 중심으로 움직인다. 따라서 자신의 일상에서 벗어나 회사라는 낯선 세계로 들어가는 과정은 밀림으로 들어가 미지의 부족에 몸을 맡기는 일과 닮아 있다.

밀림은 인가 근처에서는 찾아보기 힘든 독초와 벌레, 야생동물이 득실거리는 위험한 곳이다. 그곳에 사는 부족은 길목마다 자기들끼리만 알아볼 수 있는 위험 표식을 덕지덕지 붙여놨다. 생존을 위한 나름의 규율이자 법칙인 셈이다. 이런 표식을 읽어가며 어렵게 당도한 미지의 부족 마을엔 괴팍한 족장이 살고 있다. '미래'나 '기획', '전략'이란 이름을 가진 무당도 있다. 그들은 뜬금없이 화를 내거나 모든 게 잘못됐다며 고함을 지르곤 하는데, 부족 문화에 익숙지 않은 이방인 입장에서는 그들이 늘 화가 나 있는 이유를 이해하기 어렵다.

마음이 헛헛해 주위를 둘러보면 온통 기괴한 가면만이 둥둥 떠다니고 있어 깜짝 놀라게 된다. 모든 부족민은 저마다 독특한 가면을 쓰고 있다. 그들은 밥을 먹거나 화장실에 갈 때조차 가면을 벗는 법이 없다 보니 친해지기도 쉽지 않다. 이곳에서 살아남으려면 어쩔 수 없다며 나도 가면을 하나 만들어 쓰고, 족장의 명령이 떨어지면 부족민과 함께 밀림을 헤쳐 나간다.

정글도를 다루는 게 서투른 데다 위험 지대에 익숙지 않다 보니 이곳저곳 상처가 생긴다. 밤이면 상처를 부여잡고 끙끙거리지만, 산짐승과 야행성 조류의 울음소리 때문에 편히 잠들 수조차 없다.

집에 가고 싶다, 내가 살던 곳으로 돌아가 안락한 소파에 누워 쉬고 싶다는 생각이 굴뚝 같지만, 부족을 떠나는 결정 또한 만만치 않다. 나를 받아줄 부족은 언제나 소수이고, 때마침 혼자서는 해결 불가능한 일이 줄줄이 생긴 탓이다. 가족이 아프기 시작했고 결혼할 짝이 기다리고 있으며 갚아야 할 대출금이 생겼다. 한숨을 내쉬며 한탄하듯 자신에게 되묻게 된다.

'대체 인생은 왜 내게 어제보다 더 큰 시련을 주고 이상한 부족이 사는 낯선 세계로 몰아가는 걸까?'

성장 서사를 위해 필요한 곳

삶이 우리를 자꾸만 낯선 세계로 안내하는 이유는 신화 속에서 찾아볼 수 있다. 『천의 얼굴을 가진 영웅』에서 신화학자 조지프 캠벨은 세계 각지의 신화를 연구하다 공통된 이야기 패턴을 발견한다. 영웅들은 하나같이 익숙한 세계를 떠나 낯선 세계를 여행하고 돌아온다는 것이다. 이런 이야기 패턴은 신화뿐 아니라 동화와 할리우드 영화에도 넘쳐난다.

한스 크리스티안 안데르센의 동화 『인어공주』에서 인어공주는 익숙한 바다를 떠나 낯선 인간 세계로 여행을 떠난다. 카를로 콜로디의 동화 『피노키오의 모험』에서 피노키오는 집을 떠나 인형 극장과 고래 뱃속까지 들어갔다 나온다. 허먼 멜빌의 소설 『모비딕』에서 주인공 이스마엘은 지루한 일상에서 벗어나기 위해 포경선에 오르고, 조지 루커스 감독의 1977년 개봉작 〈스타워즈: 새로운 희망〉에서 주인공 루크는 농사를 짓다가 광활한 우주 공간으로 떠난다.

사람들은 왜 낯선 세계를 여행하는 이런 이야기에 열광하는 걸까? 그 이유는 떠남과 돌아옴의 서사 구조가 우리의 성장 과정, 즉 어른이 되기 위한 성인식과 닮아있기 때문이다. 아기는 걸음마를 시작함과 동시에 낯선 장소를 탐험하게 된다. 통과의례처럼 어린이집과 유치원이란 낯선 세계에 들어가고, 이후엔 학교나 군대 같은 더 적대적인 장소를 경험하게 된다. 이처럼 삶은 갈수록 낯설고 이상한 곳을 여행하는 구조로 설계돼 있다. 익숙한 부모 품에만 안겨 있으면 결코 어른이 될 수 없기 때문이다. 이런 관점에서 보면 성인이 된 우리가 들어갈 회사가 극도로 이상한 곳인 건 당연한 귀결인 셈이다.

그렇다면 우리가 이렇듯 갖은 고생을 해서 얻는 성장이란 무엇일까? 어린 시절엔 누구나 빨리 커서 어른이 되고 싶어 한다.

부모의 간섭이나 잔소리에서 벗어나 자유로운 삶을 꿈꾼다. 몸집이 커가고 세상 물정을 알아가면서 어른이 되고 싶은 열망은 더 구체적으로 변해 간다. 예를 들면 이런 식이다.

* 내일의 불안이 없는 예측 가능한 삶을 살고 싶다.
* 인간관계에 유연하게 대처하고 싶다.
* 주변 사람이 곤경에 처할 때 해결책을 내놓으며 돕고 싶다.

모두가 내일의 불안이 없는 삶을 원한다. 하지만 우리의 뇌는 성장할수록 더욱 창의적으로 걱정거리를 만들어낸다. 우리는 이러면 어쩌나 저러면 어쩌나 하며 노심초사하다 어느 순간 불안이 사라짐을 경험한다. 바로 자신이 이미 경험해 본 일이 닥칠 때다. 이미 해본 일은 절차와 예상되는 문제 등을 익히 알고 있기 때문에 불안감이 한결 덜하다. 결국 낯선 세계에 대한 다양한 경험을 쌓아야 창의적 불안감을 효과적으로 떨쳐낼 수 있다.

인간관계에서 오는 문제는 또 어떤가? 인간관계는 타인에 대한 이해를 전제로 한다. 자기 상식과는 다른 생각에 대해 숙고하고 이해하는 노력이 필요하다. 회사라는 이상한 곳에 다니다 보면 어쩔 수 없이 다양한 사람들을 만나게 된다. 이곳에선 자신이 먼저 그들을 이해하려고 노력하지 않으면 일이 진행되지 않는다. 그 과정에서 의도치 않게 타인에 대한 이해의 폭이 넓어진다.

마찬가지로 곤경에 처한 주변 사람에게 해결책을 제시하려면 아마추어가 아닌 프로 여행자가 되어야 한다. 낯선 여행에서 습득한 지식과 경험, 인적 네트워크가 풍부해야 현실적 도움을 줄 수 있다. 회사는 그런 내적 자산을 축적할 수 있는 곳이다. 이는 회사가 좋은 곳이기 때문이 아니라 낯설고 이상한 세계이기 때문이다. 출근을 한다는 건 진짜 어른이 되는 이야기가 시작됐다는 뜻이다.

영웅은 빈손으로 돌아와도 영웅

신화 속에서 영웅은 낯선 세계에 진입해 금은보화를 얻거나 소중한 존재를 지키기 위해 용과 싸운다. 우리도 이와 비슷한 목적으로 회사란 이상한 곳에 들어가 가족을 부양하고 사랑하는 사람과 데이트하고 대출금을 상환하기 위해 일을 한다. 신화에서 영웅은 용을 무찌르고 금은보화를 얻어 의기양양하게 집으로 돌아가고 싶어 한다. 하지만 이야기의 결말에 이르면 대다수 영웅이 빈손으로 귀환한다. 우리가 상처를 입거나 제풀에 지쳐 회사를 그만둘 때처럼 말이다.

영웅이 목표 달성에 실패했으니 신화는 슬픈 이야기로 남을 듯하다. 하지만 사람들은 패배한 영웅도 여전히 영웅으로 기억하며 변함없이 애정을 쏟아붓는다. 그 이유는 영웅이 금은보화보다 더 값지고 고귀한 경험을 얻었고, 그 과정에서 한 뼘 더 성장했기 때문이다. 그처럼 인류가 사랑한 신화는 빈손으로 돌아오는 여정에도 성장은 공평하게 깃들어 있음을 알려준다.

우리는 개인의 행복이란 세속적 목적을 위해 도전에 나섰을지 모르지만, 거대한 용의 모습을 한 장애물에 부딪쳐 넘어지고 피투성이가 되면서 성장의 여정을 거치게 된다. 자기 구원을 위해 떠난 여행은 어른이 되는 여정이자 누군가를 도울 수 있는 능력을 갖추는 성장의 과정이 된다. 어느 순간 용에 대한 공포와 불안은 사라지고 타인을 더 깊이 이해하게 되며 누군가를 도울 힘도 생긴다. 이상한 회사에 출근하는 발걸음만큼 우리는 진짜 어른에 한 발짝 더 가까워진다.

"추악한 것이 기다리고 있다고 생각하는 곳에서 우리는 신을 발견하게 될 것이고… 외로우리라 생각하던 곳에서 우리는 세계와 함께하게 될 것이다." - 조지프 캠벨, 『천의 얼굴을 가진 영웅』

4. 성장을 위해 출근하기

* 회사가 이상한 이유는 별난 목적을 가진 낯선 세계이기 때문이다.
* 모든 영웅은 낯선 세계를 통과 의례처럼 거침으로써 성장하고 어른이 된다.
* 빈손으로 돌아오는 여정에도 내적 성장은 공평하게 깃들어 있다.

훌륭한 페르소나를 가진 직업인들

"나중에 너한테는 진료받지 말아야지."

내게는 형제 같은 친구가 있다. 어린 시절부터 친하게 지내 온 친구는 순둥순둥하고 다정한 성격이지만, 생각이 많은 탓에 우유부단해 보이는 면모도 있다. 그는 대학병원에서 의사로 일 하고 있는데, 나는 평소 그의 직업이 성격과 어울리지 않는다 고 생각해 왔다. 그래서 가끔 의사로서 믿음이 가지 않는다는 듯 저런 농담을 던지곤 했고, 그때마다 친구는 웃어넘겼다.

그러다 가족이 대학병원에 입원한 적이 있었다. 나는 그때

처음으로 친구가 의사 가운을 입고 일하는 모습을 보게 됐다. 친절하고 다정한 모습은 여전했지만, 정확한 판단과 설명에 명료한 지시까지 물 흐르듯 이어지는 게 실력과 권위를 갖춘 의대 교수의 전형이었다. 내가 놀란 건 직업인으로서 친구의 모습 때문만이 아니었다. 나와 만날 때면 언제나 그렇듯 다정한 친구로 돌아온다는 점이 놀라웠다.

"무대에만 올라가면 눈빛이 바뀌어요!"

평소 조용하고 수줍은 성격인데, 무대에만 서면 놀라운 연기를 펼치는 배우들이 있다. 재치 있는 농담을 던지고 관객과 만나는 걸 좋아하는데, 의외로 집돌이에 내성적인 개그맨도 있다. 이처럼 직업인이라는 유니폼을 입으면 평소 모습과는 180도 달라지는 사람들은 직업적 페르소나와 자아를 확실하게 구분할 줄 안다는 공통점이 있다.

직업인의 얼굴

심리학자 칼 융은 현대인이 사회생활을 위해 쓰는 가면을 '페르소나'라 불렀다. 페르소나는 연극용 가면이란 어원처럼 사회적 역할이나 규범을 수행하기 위해 쓰는 가면 혹은 남에게 보이는 외적 캐릭터라는 뜻을 담고 있다.

직장인에게 페르소나는 매우 중요하다. 로맨스 드라마를 보며 눈물을 흘리는 과장님도, 아내 앞에서 귀여운 춤을 춘다는 차장님도 협상 테이블에선 냉정하고 합리적인 직업인의 가면을 쓴다. 그렇지 않으면 마음이 흐트러져 상황을 냉정하게 바라보고 침착함을 유지하기 어려워 일을 망칠 수 있다. 이런 이유로 회사에는 '회사가 추천하는 인재상'부터 '예스맨', '착한 사람'까지 다양한 유형의 가면 컬렉션이 있다.

갓 입사한 사람은 빠르게 조직의 인정을 받고 싶은 마음에 자신의 얼굴형을 전혀 고려하지 않고 '뭐든 맡겨만 주십시오 가면'이나 '슈퍼 오피스맨 가면' 같은 화려하고 멋져 보이는 가면을 선택한다. 문제는 그다음부터다. 가면에 억지로 끼워 넣은 탓에 얼굴이 가면 안쪽 튀어나온 굴곡에 짓눌려 일하는 내내 아프고 불편하다.

착해 보이고 싶어 무리하게 업무를 끌어안거나 스마트해 보이고 싶어 해결사인 척하는 건 고통스러운 일이다. 자신에게 맞지 않는 가면은 얼굴에 밀착되지 못해 조금만 꼼지락거려도 주르륵 흘러내리고 살랑이는 바람에도 벗겨지기 일쑤다. 시간이 지나면서 결국 맨얼굴이 드러나게 되고, 이를 마주한 동료들은 그를 가식적인 사람으로 받아들이게 된다.

사회적 역할에 충실하기 위해 가면을 썼을 뿐인데 사람들은 왜 맨얼굴과 가면 쓴 얼굴의 차이를 부정적으로 느끼는 걸까?

그 이유는 가면 쓴 얼굴 역시 그 사람의 인격에 기반한 또 다른 자아이기 때문이다. 친구가 대학병원 의사라는 직업인의 가면을 쓰고 있지만, 환자에게 친절하고 다정한 태도는 내가 아는 그의 모습 그대로인 것처럼 말이다. 가면은 가짜지만 온전한 가짜가 아니다.

가면 쓰기의 부작용

가면은 평범하고 무난해 보이는 유형을 골라야 한다. 갸름한 턱선을 살리고 싶다고 억지로 턱을 조이기보다는 자기 얼굴에 맞게 펴고 조이는 '유격 조정'을 거치며 다듬어가야 한다. 기성품을 사기보다는 자기 얼굴을 자세히 들여다보면서 시간을 들여 개인 맞춤형 가면을 만드는 게 좋다.

직업인에게 가면은 자기 얼굴에 맞게 잘 만들어 쓰는 것으로 끝나지 않는다. 가면 쓰기에는 예상치 못한 부작용이 있다. 안경을 쓴 사람들이 시간이 지나면 안경의 존재를 깜빡하는 것처럼 가면을 쓴 사람들 역시 가면을 벗는 걸 종종 잊는다. 안경을 쓴 채 세수하고 잠자리에 드는 것처럼 가면에 익숙해진 나머지 자신의 얼굴이 곧 가면이 돼버린다.

직업인으로서 회사에서 쓰는 가면은 그 용도가 명확하게 정해져 있다. 그건 바로 '업무용'이라는 점이다. 사장이 되거나 보직을 맡은 사람은 빠르고 정확한 의사결정과 지시에 최적화된 가면을 쓰게 된다. 그런데 집에 돌아와서도 그런 가면을 쓰고 있으면 어떻게 될까? 그저 편안하게 대화를 나누고 싶은 배우자에게 최선의 해결책을 지시하고 따르라고 명령하게 될 것이다. 혹은 가족에게 일터에서와 같이 일사분란하게 생각하고 행동하는 걸 요구하게 될 수 있다.

가족들도 처음에는 회사에서의 습관이 은연중에 튀어나왔다며 이해할지도 모르지만, 집에 머무는 시간이 늘어나면 갈등이 폭발하게 된다. 그들에겐 직장 상사가 아니라 배우자 혹은 엄마 아빠가 필요하기 때문이다. 가면이 얼굴이 되는 순간, 휘장을 주렁주렁 단 제복을 입고 거실 소파에 앉아 있는 사람처럼 자아를 상실한 채 방황하게 될 수 있다.

가면 잘 쓰고 벗는 법

영화 〈라이언 일병 구하기〉에서 주인공 밀러 대위(톰 행크스분)는 독일군 기관총 사수에게 소중한 부하를 잃는다. 복수심에 불탄 대원들은 포로로 잡은 독일군을 처형하려 하지만, 밀러 대위는 전쟁 포로 대우에 대한 원칙을 강조하며 그를 풀어

준다. 일부 대원이 이해할 수 없다며 반발하자, 밀러 대위는 전쟁 전 자신의 직업이 학교 교사였다고 털어놓으며 이렇게 말한다.

"사람을 죽일 때마다 자꾸만 집에서 멀어지는 것 같아."

전쟁을 위해 국방부에서 개조한 인조인간이란 소문이 돌았던 밀러 대위는 사실 평범한 영작문 교사였다. 봄이 되면 야구 코치를 하며 아내와 함께 조용한 일상을 즐기던 소시민이었다. 그러나 군대라는 낯선 세계에 들어서게 되자 유능한 지휘관의 가면을 쓰고 전장을 누볐다. 그럼에도 불구하고 그는 집으로 돌아가기 위해 싸운다는 사실을 잊지 않았다.

캠벨의 『천의 얼굴을 가진 영웅』에서도 '귀환'은 영웅의 여정 중 가장 중요한 마지막 단계로 제시된다. 모든 이야기는 모험과 고난을 겪은 주인공이 집으로 돌아옴으로써 완성된다. 낯선 세계는 익숙해질 수는 있지만 마음의 안식처인 집이 될 수는 없다. 여행 중에 쓴 가면은 그곳에 벗어놓고 돌아와야 하듯 직업적 역할을 표현하기 위한 수단으로 일터에서 쓰던 가면은 회사에 벗어두고 귀가해야 한다.

가면이 자기 정체성의 전부가 아니라면 가면 쓰기만큼 가면 벗기에도 익숙해져야 한다. 친구가 병원을 나서며 가운을 벗는 순간 한결같은 벗으로 돌아오듯, 일터를 나서는 순간 가면을 벗어야 한다. 이 과정이 원활하게 이루어지기 위해서는 마음을

환기하는 일종의 '스위칭 루틴'이 필요하다. 예를 들면 이런 것
들이다.

* 야근을 할지언정 집에선 일하지 않기
* 작업복이나 유니폼은 벗어두고 사복 입고 퇴근하기
* 귀가 전 좋아하는 음악을 들으며 잠시 산책하기
* 퇴근길 지하철과 버스에서 좋아하는 소설이나 웹툰 읽기
* 현관문을 열기 전 살짝 웃으며 얼굴 근육 풀어주기
* 귀가하는 가족을 나가서 안아주기

　나 역시 퇴근할 때면 종종 오랜 기간 얼굴 모양에 맞춰 쓰느
라 닳아버린 가면을 떠올린다. 『이상한 나라의 앨리스』에서 허
공에 걸린 고양이의 미소처럼 내가 썼던 가면만이 일터 어딘가
에 걸려 있으리라 생각한다. 직업인에서 자연인으로 돌아가는
과정을 거쳐 집에 도착해 현관문을 열면 아이와 아내가 나와서
안아준다. 그 순간 온전히 집에 돌아왔다는 게 느껴진다.

5. 업무용 가면 사용법 익히기

* 직업적 페르소나는 자아의 성향에 부합하게 만들자.

* 직업인으로서의 모습이 곧 자신이 되지 않도록 성찰하자.

* 일터에서 집으로 돌아올 때 자기만의 스위칭 루틴을 만들어 실행
  하자.

일터와의
거리두기에 관하여

"모든 사물과 나 사이 적당한 거리를 둘 것."

무라카미 하루키의 소설 『노르웨이의 숲』에 나오는 말이다. 자신은 물론 슬픔과 상실에 허덕이는 주변인들에게 완벽한 위로를 전하고 싶어 주인공은 그들과의 적당한 거리두기를 시도한다. 그러나 눈물이 나올 타이밍에 맞춰 안아주고 티슈를 건네는 행동은 완벽한 위로가 될 수 없다. 오히려 타인의 슬픔에 전염되지 않으려는 방어적이고 계산된 위로처럼 받아들여질 수 있다. 결국 그는 주변인들과의 적당한 거리두기에 실패하고 상대와 자신 모두에게 더 큰 상처를 입히고 만다.

수학적으로 거리는 점과 점을 이은 선분의 길이를 뜻한다. 자신과 타인을 하나의 점으로 보면, 상대와의 거리는 관계의 간격을 나타내는 척도다. 수많은 존재에 둘러싸여 살아가는 우리는 각각의 존재와 적당한 거리를 유지하려 노력한다. 자신과 상대 사이 거리가 지나치게 가까우면 그에게 동화돼 자신을 잃을 수 있고, 반대로 거리가 지나치게 떨어져 있으면 모든 걸 남 일처럼 여기는 태도가 몸에 배 주변에 아무도 남지 않게 된다.

앞서 언급한 맨얼굴(자아)과 가면(페르소나)의 유격을 조정하는 행위도 일종의 거리두기에 가깝다. 회사 생활을 하는 페르소나는 자아와 지나치게 거리가 멀어도 얼굴에 달라붙을 정도로 밀착돼도 안 된다. 그런 면에서 일터와의 거리두기는 자아를 지키면서도 건강한 사회생활을 가능하게 하는 주체적 삶의 방식이라 할 수 있다.

요즘에는 회사와 자신을 동일시하던 과거의 직장 문화에서 벗어나 회사와 멀찍이 거리를 두는 게 트렌드다.

"회사는 회사고 일은 일이며 나는 나일 뿐이다."

따지고 보면 회사와 우리 사이에는 별다른 관계가 없다. 회사가 언제 우리의 사정을 봐주며 다가온 적이 있던가. 그저 거대한 시스템을 돌리는 톱니바퀴로 우리를 써먹을 뿐이고, 우리 역시 필요한 만큼 회사를 이용할 뿐이므로 이런 관점에는 특별한 이견이 없다. 그런데 이런 태도가 몸에 배다 보면 영혼 없는 위로를 하다 길을 잃은 소설 속 주인공처럼 영혼 없이 일하는 사람으로 전락할 수 있다.

영혼 없는 일꾼을 만드는 시스템

'일은 일일 뿐인데 무슨 영혼까지 필요해?'

'영혼 없이 시키는 대로 하는 건 회사가 원하던 바가 아니던가?'

영혼 없이 일하는 태도가 위험하다는 의견에 반발하는 사람도 처음부터 회사와 멀찍이 거리를 두고 위에서 시키는 대로 일했던 건 아니다. 입사 초기에는 누구나 열심히 일해서 회사에서 인정을 받고 싶어 한다. 하지만 시간이 흐르면서 '네네'란 말로 대충 얼버무리며 시키는 일만 하는 사람으로 전락하는 경우가 많다. 혹자는 입사 초기의 열정이 사그라진 탓이라 말하지만, 일하면서 회사의 비합리적 관료주의와 권위주의의 손길을 경험했기 때문이라고 보는 편이 더 타당하다.

회사가 바라보는 회사는 정교한 시계를 닮아있다. 시계는 정확한 시간 고지라는 목적을 달성하기 위해 다양한 크기의 톱니바퀴와 내구성이 높은 스프링 태엽을 정밀하게 배치한다. 수시로 바늘이 잘 도는지, 기름칠이 필요하거나 교체하거나 추가할 부품은 없는지 조사한다. 그 과정에서 세세한 규칙이 담긴 매뉴얼이 탄생한다. 매뉴얼은 오랜 경험과 시행착오 끝에 만들어진 만큼 조직 내에서 반드시 지켜져야 하는 지침으로 받아들여진다. 그렇게 업무에 필요한 수많은 규율과 복잡한 절차가 만들어진다.

외부에서 굴러들어 온 새 톱니바퀴의 눈에는 오래전 만들어진 매뉴얼이 비합리적이고 구닥다리처럼 보인다. 더 효율적인 방법을 찾기 위해 이런 매뉴얼이 탄생하게 된 이유를 묻거나 개선하기 위한 아이디어를 내보지만, 돌아오는 건 냉담한 반응뿐이다.

"그건 다 그렇게 하는 이유가 있는 거야!"

"바빠 죽겠는데 따지지 말고 시키는 대로 해!"

톱니바퀴 역할에 충실하기를 요구할 뿐이며, 더 빠르거나 새로운 방식을 적용하려 들면 시스템적으로 강하게 압박해 온다. 여기에는 정확한 시간 고지라는 목적에 문제가 생길 가능성이 있다는 그럴듯한 이유가 따라붙는다. 이런 패턴이 반복되면서 회사에는 규칙과 매뉴얼에 따라 움직이는 관료주의가 자리 잡게 된다. 관료주의는 효율적이고 안정적인 반면 변화와 혁신에 취약하다. 무엇보다 위에서 시키는 대로 일하기를 요구하는 업무 방침은 권위주의로 흐르기 쉽다.

어느 순간 매뉴얼과 명령체계란 수단이 회사의 윗자리를 차지하게 된다. 정확한 시간 고지란 목적은 희미해지고 절차만 옳으면 어떤 결과가 나오든 상관없다는 식으로 돌아간다. 직원들은 바로 위에서 도는 큰 톱니바퀴가 시키는 대로 회전하는 데 익숙해지면서 훈련된 무능력자가 되고 영혼 없이 일하는 기계로 전락한다. 회사와 높은 자리에 앉은 이들에게 '자, 이런 데도 직원의 열정을 탓할 셈인가!'라고 외치고 싶은 심정이다.

그런데 회사가 영혼 없이 일하도록 부추긴 것과 자신이 그렇게 일하기로 결심하는 건 엄연히 다르다. 영혼을 담아 일을 하는 습관은 회사 때문이 아니라 자기 자신을 위해 필요한 것이다. 일의 끝엔 언제나 타인이 있고, 자신 역시 누군가에겐 타인이기 때문이다.

불신 사회를 앞당기는 것들

오래된 휴대전화를 수리하려고 집 근처 직영점에 전화를 건 적이 있다. 서비스센터에 전화하면 "불편하게 해드려 죄송합니다", "감사합니다" 같은 매뉴얼화된 친절을 경험하지만, 문제가 만족스럽게 해결되는 경우는 많지 않다. 매뉴얼은 미묘하게 다른 개개의 사안을 포괄하기에 역부족이기 때문이다. 결국 복잡한 절차를 거치며 감정을 소모한 끝에 엉뚱한 방향으로 결론이 나는 경우가 대부분이다.

전화를 받은 직영점 직원 역시 구형 모델이라 자신들은 물론 인근 서비스센터에도 부품 재고가 없다고 알려왔다. 그 말을 듣고 '그러면 그렇지, 어쩔 수 없이 멀리 떨어진 곳으로 가야겠구나'라고 생각했다.

그런데 직원은 다른 지점 방문이 거리상 멀어서 여의찮다면, 시간은 걸리겠지만 자신들이 재고 부품을 찾아 따로 주문을 내보겠다고 했다. 자기 지점에서 수리할 수 있다는 또 다른 대안을 찾아 제시한 것이다. 덕분에 예상 밖으로 문제가 손쉽게 해결됐고, 해당 브랜드 제품에 대해 신뢰와 호감을 느끼게 됐다. 부품이 도착해 수리를 받는 도중에 밖에 나가서 따끈한 붕어빵 한 봉지를 사서 직원에게 건네며 감사함을 전했다.

매뉴얼이나 절차 같은 시스템은 도구에 불과하다. 그 너머엔 일의 목적이 있고 그 끝자락엔 사람이 있다. 상품과 서비스를 제공받는 고객이 있고 함께 일하는 동료가 있다. 일은 일일 뿐이고 누구도 시스템 너머를 봐야 한다고 요구하지 않지만, 영혼 없는 노동은 관료주의와 권위주의를 지탱하는 또 다른 기둥이 될 수 있다. 이런 풍토에 익숙해지는 건 증오하던 악당을 닮아가는 일이나 다를 바 없다. 그런 부정적 시스템에 오염된 사회는 모두를 망가뜨린다.

공영성보다 시청률만을 앞세운 방송사 직원, 팩트보다 조회 수가 중요한 기자, 이 제품이 누구의 입으로 들어갈지 생각하지 않는 식품회사 직원, 현장을 모르는 공공기관의 행정 공무원, 치료보다 수익을 올리는 데 혈안이 된 의료진 등은 불신 사회를 앞당긴다. 그 피해는 고스란히 우리에게 돌아올 뿐이다.

중용의 거리두기

그렇다면 개인과 회사 사이 거리는 어느 정도가 적당할까? 철학자 아리스토텔레스의 '중용' 개념은 관계와 거리 설정에 있어 유용한 통찰을 준다.

흔히 중용은 극단에서 벗어난 중립적이고 객관적 태도로 오해하기 쉽다. 그런 식이라면 30센티미터 자의 딱 중간인 15센티미터 지점이 중용의 거리가 될 수 있다. 하지만 사람마다 관점도 능력도 윤리적 기준도 처한 상황도 모두 다르기에 칼로 무 자르듯 여기까지가 적당한 거리라고 말하긴 어렵다.

『니코마코스 윤리학』에서 아리스토텔레스는 중용에 도달하려면 때로는 지나침 쪽으로, 때로는 모자람 쪽으로 기울어야 한다고 말한다. 이는 중용이 산술적 중간값이 아니라 양극단 사이에서 지속적으로 조율되어야 하는 상대적 균형 값에 가깝다는 뜻이다. 숙고를 거치며 자신에게 맞게 상대와의 거리를 조율하는 실천 과정이 곧 중용에 가까운 적당한 거리두기인 것이다.

개인과 회사 사이 적당한 거리를 찾는 과정 역시 한 번에 끝내선 안 된다. 저울의 균형을 잡기 위해 무게 추를 여러 번 옮기며 조정하듯 이미 얻은 최선의 거리 역시 재고하며 조정해가야 한다. 적절한 거리두기로서 중용은 '숙고-실천-습관-재고…'로 이어지는 순환 과정이기 때문이다.

숙고 단계에서는 일의 본질적 목적을 물어야 한다. 서비스센터 직원이라면 업무 매뉴얼에 따라 전화 받기가 아니라 고객의 문제 해결이 본질적 목적일 것이다. 일의 목적을 발견한 후엔 자신이 떠올릴 수 있는 가장 나은 방법을 찾아 실행에 나서야 한다. 서비스센터 직원이라면 고객을 다른 지점으로 안내하는 것 외에 더 나은 방법을 제시할 수 있어야 한다.

이런 태도에 익숙해지면 그 과정에서 새로운 문제를 발견하게 된다. 세세한 고객 응대로 인해 상담 시간이 길어져 다른 고객이나 동료에게 피해가 갈 수 있다. 혹은 업무가 감당하기 힘들 정도로 많아져 자신이 소진될 수도 있다. 그런 상황에 이른다면 다시 조율 과정을 거쳐 적당한 거리를 찾아야 한다.

중용의 거리두기는 고정된 값을 찾는 수학적 과정이 아니다. 그보다는 회사가 요구하는 것과 자신이 할 수 있는 것 사이 최대 효율을 낼 수 있는 거리 찾기에 가깝다. 그 지점을 찾아가는 과정에서 회사의 누군가는 영혼 없이 일하는 사람이 더 낫다고, 너의 영혼까진 필요 없다고 불평할지도 모른다. 하지만 회사가 직원 영혼의 필요성까지 가타부타할 순 없다. 일터와의 적절한 거리 찾기는 회사란 점이 아니라 자신이라는 점에서 출발하고, 적절한 거리를 찾으며 영혼을 지켜내는 건 자기 스스로 결정할 문제이기 때문이다.

To-do List

6. 자기만의 거리 감각 갖기

* 업무의 끝단에는 언제나 사람이 있음을 기억하자.
* 영혼 없이 일하는 습관은 회사는 물론 자신조차 망가뜨릴 수 있다.
* 숙고-실천-습관-재고의 과정을 거쳐 회사와 자신 사이 거리를 조정해 나가자.

좋아 보이는 사람과
좋은 사람의 차이

　인간성은 별로이지만 일 처리와 사회생활을 깔끔하게 잘하는 사람이 있다. 이런 사람은 괴팍하고 비뚤어진 상사가 와도 어느샌가 그 곁에 서 있다. 슬그머니 힘 있는 상사의 곁에 섬으로써 그릇되게 행사되는 힘에 지지를 보낸다. 반면 책임을 끌어안아야 할 때나 억울한 일을 당한 동료 곁에는 가까이 가지 않는다. 문제가 모두 해결되면 그때 나타나 부드러운 억양으로 "수고했어"라고 말하며 좋은 사람인 척한다. 여기까지 들으면 누구나 주변에서 한두 명쯤 떠오르는 얼굴이 있으리라.

업무를 최우선으로 하는 회사에서 이런 사람과 함께 일할지 말지를 결정하기란 쉽지 않다. 밸런스 게임에서도 '좋은 사람인데 일 못 하는 사람 대 나쁜 사람인데 일 잘하는 사람'의 구도로 표현되곤 한다.

개인적인 견해를 밝히자면, 이런 질문은 밸런스 붕괴에 가깝다. 내 경우 일은 못 해도 인성이 좋은 사람과 일하고 싶기 때문이다. 이런 내 생각에 반론을 제기하는 사람도 있을 것이다. 착하기만 한 사람이 일을 못 하면 자신이 피해를 보게 된다고 말이다. 사람만 좋아서 감당도 못 할 일을 끌어오면 굳이 안 해도 될 업무까지 떠안을 수 있으니, 이 역시 그럴듯한 이야기다. 결국 이 논쟁을 끝내려면 선과 악에 대한 정교한 정의가 필요하다.

철학자 이마누엘 칸트의 『도덕 형이상학을 위한 기초 놓기』에 따르면, 선과 악의 판단이 어려운 이유는 자기기만 때문이다. 예를 들어 선의로 기부를 했더라도 마음 한구석에는 '이러면 나중에 내게 좋은 일이 생기지 않을까?'란 계산이 깔렸을 수 있다. 우리는 자기를 속이는 일에 천재적이기에 진짜 동기는 스스로도 알 수 없다. 따라서 칸트는 '양심에 따른 의무적 행위'만을 선이라 인정한다. 기부하기로 결심했다면 돈이 많을 때나 적을 때나 의무적으로 기부해야 한다는 것이다. 이런 이유로 칸트의 도덕은 '의무론'이라 할 수 있다.

여기까지가 학교에서 배운 내용이고, 정말 중요한 이야기는 그다음에 나온다. 형편상 빵을 사 먹기도 힘든데 의무적으로 기부를 하는 건 고통스럽다. 그래서 칸트의 의무론은 '고통의 윤리론'이라 할 수 있다. 고통스럽다고 해서 모두 선하다고 할 수 없으니, 그다음에는 모두가 따라 하더라도 괜찮은 행동인지를 자문하는 상상력이 필요하다. 요약하자면 칸트가 말하는 도덕적으로 좋은 사람이란 기꺼이 고통의 길을 선택할 수 있는 상상력을 가진 자다.

이런 기준에서 보면 좋아 보이는 사람과 좋은 사람은 쉽게 구분된다. 좋아 보이는 사람은 자신의 이익을 위해 좋은 사람처럼 보이고 싶어 하기에 늘 계산적으로 행동한다. 이런 사람은 도덕적 딜레마에 맞닥뜨리면 자신에게 가장 고통이 적은 방법을 선택하기 마련이다. 반면 좋은 사람은 개인적 유불리를 계산하기에 앞서 자기 행동이 어떤 결과를 초래할지 따진다. 무엇이 옳은 일인지를 판단하기 어려울 땐 자신에게 가장 고통이 큰 방법도 과감히 선택한다.

악인 감별법

앞서 살펴본 좋은 사람의 정의는 설득력이 있지만, 좋은 사람처럼 보이고 싶어 하는 자연스러운 이기심을 '악'이라 할 순 없다. 고통을 피하고 싶은 마음은 누구나 갖고 있는 보편적인 심리다.

그렇다면 악인은 어떤 사람일까? 나름의 감별법을 소개하자면 이렇다. A와 B 두 사람 앞에 세 개의 빵이 있다. 공평하게 빵을 한 개씩 나눠 갖고, 남은 빵 한 개를 B가 마저 갖고 싶어 한다. 앞서 말했듯 남은 빵을 노리는 B를 악인이라고 할 순 없다. 하지만 남은 빵 한 개를 차지한 뒤 A의 빵마저 가져간다면 B는 악인이 된다.

칸트의 윤리론에 비하면 허술하기 짝이 없지만, 회사에서 이보다 나은 악인 감별법을 찾지 못했다. 이는 갓 사회생활을 시작한 사람이라면 선뜻 납득하기 어려울 수 있지만, 교통사고처럼 악인과 맞닥뜨린 어느 날 '아!' 하고 떠올리게 될 것이다.

악인들은 처세에 능하고 일도 잘하는 것처럼 보여 단기적으론 회사에 이익을 주는 존재로 인식된다. 하지만 자신의 행위가 어떤 결과를 부를지에 대한 상상력이 부족해 결국 조직문화를 망치고 양심적인 직원을 떠나게 만드는 경우가 많다. 주변에 넘쳐나는 퇴사 이야기를 보면 선하지만 일 못 하는 사람 때문에 회사를 떠난 경우는 드물며, 대부분 일 잘한다고 소문난 악인 때문에 퇴사를 결심한다.

무도한 산적이 모인 곳이 산적 소굴이듯, 타인의 손에 쥔 한 조각의 빵까지 빼앗는 악인들이 일정 비율 이상 우글거리는 조직은 나쁜 회사다. 그런 조직이라면 빠른 탈출이 답이다. 사회생활의 성패는 결국 악한 조직과 사람을 멀리하는 데 달려있다. 마찬가지로 회사 생활이 유익하려면 좋은 사람을 많이 만나야 한다.

회사에서 만난 좋은 사람

　박남수 시인의 시 〈새〉에는 포수가 등장한다. 그는 뚜렷한 목적과 의도를 갖고 새를 겨냥하고 방아쇠를 당기지만, 늘 '피에 젖은 한 마리 상한 새'만을 잡을 뿐이다. 마찬가지로 잇속을 따지는 계산으로는 순수한 관계를 포착할 수 없다. 회사에서 좋은 사람을 만나려면 시 구절처럼 "울어서 뜻을 만들지 않고, 지어서 교태로 사랑을 가식하지 않는" 한 마리 새가 되려는 마음가짐이 필요하다. "나부터 좋은 사람이 되자"라는 소박하지만 이루기 어려운 목표를 품고 살아가다 보면 우연을 가장한, 아름다운 관계란 새가 다가오기 마련이다.

　회사 안팎으로 힘든 시기를 보낸 적이 있다. 중요한 프로젝트가 끝나고 미뤄둔 전신마취 수술을 받았다. 상경하여 혼자

외롭게 산 지 10여 년 차에 접어든 무렵이었다. 수술이 잘 끝난 걸 확인한 친구와 동생이 떠나고 혼자 병실에 누워 있는데 문이 열렸다. 회사 선배였다.

"괜찮냐? 많이 아팠겠네."

선배는 웃는 얼굴로 짧은 인사와 몇 마디 말을 건넸다. 마취가 풀리기 시작하자 묵직한 고통이 밀려왔고, 수술 중 달아놓은 호흡기 탓에 폐 전체가 뻐근하게 조여왔다. 기절하듯 잠에 빠져들었다 깨기를 몇 번, 그때마다 선배는 침대 곁에 앉아 "괜찮아?" "물 좀 마실래?"라고 묻곤 했다. 그는 불편한 병실 한구석에 앉아 늦은 밤까지 내 곁을 지켜줬다. 타지에서 혼자 아프면 외로움을 덜 타는 사람조차 서럽기 마련이다. 선배 덕분에 외로움이 예약해 둔 병실이 따뜻한 온기로 채워졌다.

이후 선배가 어려운 일을 당하면 도울 일이 없는지 살폈고, 어느덧 선배도 나도 흉금을 터놓고 세상 사는 두려움을 토로하는 사이가 됐다. 우리는 슬픈 일이 있을 땐 괜찮다고, 다 지나간다고 서로의 멍 자국을 살피며 두드려주곤 했다. 덕분에 비슷한 인연으로 마음을 열고 다가온 동료들과도 차가운 방에 온기를 채워주는 사이가 될 수 있었다.

좋은 관계를 유지하는 법

사회는 치열한 경쟁의 장이고 서로를 딛고 일어서려는 사람들로 가득하다. 그 안에서 살아가는 우리는 온통 나쁜 사람만 눈에 보이고 주변을 지키는 좋은 사람을 알아보지 못한다. 그 결과 순수한 관계의 새가 찾아와도 무심코 손을 내젓거나 편한 사이라는 생각에 함부로 대해 내쫓는 우를 범한다.

"좋은 사람에게 더 잘하고, 나쁜 사람에게 신경 쓰지 말자."

사회생활을 하며 터득한 인간관계에 대한 교훈이다. 우리는 종종 나를 무시하거나 업신여기는 악인의 마음을 얻으려 노력하며 에너지를 낭비한다. 알량한 납덩이로 이 새도 저 새도 잡으려는 포수처럼 욕심을 부리다 좋은 사람은 떠나고 나쁜 사람만 주위에 바글대는 관계의 실패를 맛본다.

만약 순수한 관계의 새를 발견했다면 상대의 작은 변화도 알아챌 수 있도록 세심한 관심을 기울여야 한다. 눈에서 멀어지면 마음도 멀어진다고 했다. 만나는 횟수가 뜸하면 관계가 소원해진다기보다 그 사람의 변화에 적응할 수 없기에 멀어지기 마련이다.

우리 몸은 한결같아 보이지만, 6개월에서 1년 주기로 모든 세포가 교체된다. 20대의 나와 40대의 내가 같을 수 없듯 경험과 기억, 사고방식도 시간이 지나면 바뀌기 마련이다. 상대에게 의식적으로 관심과 애정을 쏟으며 그의 변화에 맞춰 새로운 관계를 만들어 나가야 한다.

"좋은 사람의 변화를 눈치챌 수 있도록 의식적으로 관심을 갖자." 의식적인 관심을 계산적인 인간 관계술로 오해할 수도 있다. 하지만 예쁜 새를 못 알아볼 정도로 자신이 변한 건 아닌지, 혹은 새가 여전히 건강한지 들여다보는 행위를 계산적이라 치부하기는 어렵다.

좋은 사람에게 의식적인 관심을 기울이는 건 계절에 따라 변화하는 정원을 가꾸는 즐거움에 비유할 수 있다. 정원에는 자신이 관심을 쏟고 정성을 들인 만큼 계절별로 예쁜 새가 찾아든다.

병실을 지켜준 선배가 얼마 전 강원도에 있는 회사로 이직했다. 차를 몰고 가서 선배를 만나 세상 불필요하고 무익한 이야기를 나누며 동네 시장을 산책했다. 중식당에서 점심을 먹고 동네 맛집에서 냉동 만두를 잔뜩 산 뒤 함께 차를 타고 서울로 향했다. 중년 남자 둘이 차 안에서 조잘조잘 떠들대는 광경은, 시인이 이야기한 "하늘에 깔아 논/ 바람의 여울 터에서나/ 속삭이듯 서걱이는/ 나무의 그늘에서나, 새는 노래한다"라는 이미지와는 사뭇 달랐을 것이다. 하지만 상경하는 자동차 창밖으로 새가 나는 장면을 몇 번이고 볼 수 있었다.

7. 좋은 사람에게 더 잘하기

* 좋은 사람은 윤리적 상상력을 발휘하며, 기꺼이 고통의 길을 선택할 줄 아는 사람이다.
* 나쁜 사람의 마음을 얻으려 노력하기보다 좋은 사람과의 관계를 돌보자.
* 좋은 관계를 유지하려면 상대의 변화를 알아보려는 의식적인 노력이 필요하다.

재밌고 괜찮은 사람이란
평판의 힘

"그 친구 재밌고 괜찮죠. 우리 부서로 오면 좋을 텐데."

사내에 떠도는 동료에 대한 평판에는 여러 종류가 있지만 이 정도면 훌륭한 찬사다. '일 잘한다'라는 평가는 업무 능력이 뛰어나다는 점에서 더없이 좋지만 워크홀릭이란 뉘앙스를 풍기는 반면, '재밌고 괜찮다'라는 평가는 인성 좋고 업무도 무난히 잘하는 사람을 뜻하기 때문이다.

평판에 대해 이야기하다 보면 자연스럽게 '나는 과연 같이 일하고 싶은 사람인가?'라는 자기반성에 이르게 된다. 나를 인간적으로 좋아하고 아껴주는 선후배도 많지만, 나와 일하고 싶어 하지 않는 사람도 있을 것이다. 각자 선호하는 업무 스타일과 성향이 다르다 보니, 같이 일하고 싶은 사람의 유형에 대해서는 일률적으로 맞다 틀리다 논하기도 어렵다.

내 경우 호기심이 많은 탓에 열서너 개의 부서를 거쳤다. 아예 직무를 바꾸거나 본부 간 이동을 한 적도 여러 번 있었는데, 그럴 때면 아무래도 기존 부서의 평판이 중요하게 고려되곤 했다. ("여러 부서로 무리 없이 이동했다는 건 적어도 내가 함께 일할 만한 사람이었다는 뜻이지 않을까?"라고 아내에게 물었더니 "조직 부적응자도 이동이 잦다"라는 대답이 돌아왔다.)

어쨌거나 같은 회사임에도 부서별 분위기가 불덩이처럼 달궈진 금성과 차갑게 얼어붙은 천왕성만큼 차이가 컸다. 덕분에 여러 조직에서 많은 사람을 접하면서 함께 일하고 싶은 사람을 감별하는 나만의 기준도 갖게 됐다.

어디서나 잘 어울리는 '런치 토커'

먼저 '런치 토커(Lunch Talker)'로 불리는 유형의 사람들이다. 함께 일하고 싶은 사람과 점심 식사가 무슨 연관이 있을까 싶겠지만 천만에! 직장인에게 점심시간은 소중한 휴식 시간인 동시에 교제의 시간이다. 모두가 다소 느슨해진 마음으로 밥을 먹으며 이야기를 나누게 되는데, 이때 런치 토커의 장점이 여실히 드러난다.

그들과 만나면 업무와 관련된 대화는 거의 하지 않으며 즐겁게 수다를 떨게 된다. 한번은 중요한 프로젝트 때문에 지쳐있는 상태에서 런치 토커를 만난 적이 있다. 그와 점심을 먹으며 나눈 대화의 주제를 간추려 보니 부동산부터 육아, 최근 공부 중인 자격증, 주말에 가볼 만한 소풍 장소 등 웬만한 생활 정보 프로그램을 방불케 했다.

그렇게 빠져들듯 그와의 대화를 마치고 사무실로 돌아왔을 때쯤엔 신기하게도 머리가 맑아져 있었다. 업무에 온 신경을 집중하고 있었는데, 런치 토커가 창 너머의 세상을 내다볼 여유를 가져다준 덕분에 업무적 고민도 나를 둘러싼 여러 풍경의 일부였음을 깨닫게 되었다고 할까?

또 다른 런치 토커는 푹 익은 파김치처럼 흐물흐물해진 내 상태를 알아채고는(회사에선 주로 지쳐있다) "요즘 역학을 배우고 있어요"라며 먼저 말을 건넸다. 그는 점심을 먹는 내내 오늘의 운세를 연상케 하는 응원의 말을 잔뜩 늘어놓으며 내 기분을 북돋아 줬다. 그 후에도 만날 때마다 "무얼 하든 잘되는 한 해"라고 말하는 그를 보며 '그래, 올해 별다른 일 없이 무탈하게 지나갔으니 좋은 한 해였지'라고 위안 삼을 수 있었다. 게다가 평일 점심시간에 나의 미래까지 알 수 있다니, 회사는 의외로 흥미진진한 곳일지도 모른다는 생각이 들었다.

그렇다고 이런 사람들이 일은 등한시하고 자신의 관심사에만 열중하는 것도 아니다. 상황에 맞는 대화를 즐길 뿐, 대부분 일 처리도 뛰어난 사람들이다. 이런 특징에서 그들이 회사와 집, 공적인 일과 사적인 삶의 경계가 명확한 사람임을 알게 됐다. 그들은 회사 업무는 업무대로 열심히 하고, 휴식 시간에는 특유의 다정함과 공감력으로 주변 사람들을 끌어당긴다. 상황에 따라 가면을 탈부착하는 감각이 뛰어난 그들과 함께 일하고 싶은 마음이 드는 건 당연한 일이다.

물론 이들과 정반대되는 유형의 사람들도 종종 접한다. 그들은 점심을 먹는 내내 사내 소문부터 동료 험담, 과거의 무용담까지 열정적으로 털어놓는다. 같은 회사에 다니므로 공통된 관심사지만, 식사 시작부터 끝까지 그런 이야기를 듣고 있자면 근무의 연장 같아 피곤할 때가 많다. 이런 사람들은 상대의 관심사를 개의치 않고 자신이 좋아하는 주제에 관한 이야기에 열을 올린다거나, '기-승-전-나'로 이어지는 대화를 반복하곤 한다. 빈곤한 대화 주제, 자기 이야기만 늘어놓는 사람과는 함께 일하는 것도 꺼려진다.

일의 맥락을 아는 '플롯맨'

／

　같이 일하고 싶은 사람의 대표적 유형 중 하나는 업무 맥락을 파악하고 일이 되게끔 만드는 '플롯맨(Plot Man)'이다. 이들은 영화나 드라마의 기승전결 서술 구조처럼 일의 흐름을 플롯으로 파악하는 데 능하다. 단순한 업무 처리를 요청받더라도 구체적으로 무슨 이유로 필요한 것인지를 고려한다. 예를 들어 타 부서에서 거래처 리스트를 요청하면 대표 연락처만 건네는 대신, 계약이나 협의 창구가 되는 담당자 연락처를 함께 보낸다. 어찌 보면 당연한 일 같지만, 회사엔 당연하지 않은 방식으로 일하는 사람이 제법 많다.

　업무 맥락을 파악하고 일하는 플롯맨은 부서 간 협업이 필요한 업무에서 빛을 발한다. 여러 부서에 애매하게 걸쳐 있는 일의 경우, 대다수 담당자는 서로 자기 일이 아님을 밝히는 데 주력하는 경향이 있다. 반면 플롯맨은 자신의 업무량이 늘어나는 것 따위는 전혀 개의치 않고 일이 되게 하는 최적의 경로부터 생각한다.

　입사하고 얼마 지나지 않아 플롯맨 선배와 회의에 들어간 적이 있다. 그는 타 부서에서 요청한 일이라 한 발 떨어져 접근할 법한데도 적극적으로 아이디어를 냈다. 그런 그를 보면서 '저 아이디어가 채택되면 다 선배 일인데 괜찮을까?'라는 생각이 들었다. 연차가 쌓이고 나서 일을 쳐낸답시고 요리조리 막아도 물길은 결국 돌고 돌아 강으로 흘러온다는 사실을 깨달았다. 선배는 어차피 할 일이라면 빠르고 정확하게 처리하는 게 정답임을 알고 있었던 것이다.

플롯맨의 반대편에는 말만 앞서는 아이디어맨이 있다. 회사에는 기발한 아이디어를 내는 사람이 무수히 많다. 문제는 그런 사람 중 상당수가 아이디어만 낼 뿐 실행은 대부분 다른 사람에게 미룬다는 점이다. 당연히 일이 잘될 리 만무하다. 그들은 아이디어가 채택되어 성공하면 '내 아이디어였다'라며 성과에 슬그머니 발을 걸치기도 한다. 아이디어 제공자로서 그들도 그 일에 어느 정도 기여했다고 볼 수 있지만 진짜 공로자는 실행한 사람이다.

실제로 회사에서 새로운 아이디어를 실행한다는 건 매 순간 장애를 극복해야 하는 일이다. 예를 들어 화장실에 놓인 고체 비누를 액상으로 교체하자는 아이디어를 냈다고 해보자. 집이라면 마트에서 사다놓으면 그만이지만, 회사는 이처럼 간단한 일도 복잡한 절차를 거쳐야 한다. "멀쩡한 비누를 왜 바꾸냐?"라며 반발하는 사람을 설득하는 일부터 상대적으로 부피가 큰 액상 비누의 관리와 보관에 용이한 용기 결정, 흘러내린 액상 비누로 지저분해진 세면대 청소, 예산과 품의까지 고려할 게 한둘이 아니다. 일을 해본 사람이라면 "성공은 1%의 아이

디어와 99%의 실행으로 만들어진다"란 의견에 십분 공감하게
된다.

플롯맨은 아이디어의 실행을 남에게 미루지 않는다. 자신이
낸 기획안과 아이디어는 세부 실행까지 직접 챙긴다. 그 때문
에 플롯맨과 함께 일하면 덩달아 업무가 늘어난다는 단점도 있
지만, 성공의 성취감을 나눌 수 있어 일하는 재미가 있다. 특히
회사에 갓 들어온 신입 사원 입장에서 그런 선배와 일하는 건
업무 역량을 높이는 데 큰 도움이 된다.

늘 볼 사람처럼 대하는 '늘볼러'

함께 일하고 싶은 사람의 마지막 유형은 퇴사 후에도 늘 볼
사람처럼 대하는 '늘볼러'다. 일터에서는 수많은 사람이 나를
스쳐 지나간다. 계약직으로 같이 일했던 사람, 업무상 만나는
거래처 사람, 자료를 요청하는 전화기 너머 목소리까지 인간관
계라는 광주리에 대충 담아도 넘쳐나다 보니 자연스럽게 친절
함에도 차등을 두게 된다.

그러나 모두가 바쁘고 괴로운 세상일수록 작은 친절이 가치
있는 행동임을 기억할 필요가 있다. 삶은 모든 게 촘촘히 연결
되어 있다는 불교의 연기설, 브라질에 있는 나비의 날갯짓이

미국에 토네이도를 불러온다는 나비효과처럼 우리는 서로 영향을 주고받는 네트워크로 연결돼 있다. 오늘 잠깐 보고 끝나는 게 아니라 나중에 중요한 일로 얽힐 가능성이 높다.

아내의 경우 몇 차례 이직을 했다. 대개 출근 마지막 날, 짐을 챙겨서 나오면 그곳에서 맺은 인간관계도 함께 정리되는 법이다. 그런데도 아내는 다음 사람을 위해 골치 아픈 일들을 최대한 신경 써서 마무리하려 노력했고, 윗사람에겐 감사 인사와 함께 자신의 직무에 대한 솔직한 의견 등을 남겼다. 함께 일하던 동료들과는 미리 약속을 잡아서 식사를 하며 작별 인사를 나눴다. '다시 볼일도 없을 텐데…'란 생각이 들 법도 한데 회사와 동료에게 예의를 다했다.

그러다 아내가 대학원에 진학하고 학자의 길을 걷게 되면서 기업을 대상으로 다양한 설문조사와 인터뷰가 필요하게 됐다. 회사를 그만두고 공부한다는 사실을 알리고 싶어 하지 않던 아내는 난처해하면서 옛 동료들에게 연락을 했다. 그들은 반가워하며 "공부한다니 잘됐다"라며 응원해 줬을 뿐 아니라 퇴사 뒷이야기부터 현재 상황까지 그간의 이야기를 들려주며 함께 일한 시간이 좋았다고 말해줬다. 그들의 적극적인 협조 덕분에 아내의 연구와 논문도 잘 마무리됐다. 무엇보다 아내는 자신이 직장인으로서도 꽤 괜찮은 사람이었음을 알 수 있었다며 기뻐했다.

회사를 떠나게 되면 어제까지 웃으며 대화하던 옆자리 동료들을 차갑게 대하는 사람들이 있다. 옆자리 동료들은 고통을 준 사람들이 아니라 함께 고통을 나누던 사람들에 가깝다. 한 번 보고 안 볼 사람조차 언젠가 다시 만날 사람으로 대하는 사람은 세상을 더 밝게 만든다. 그 원리를 아는 사람의 곁에서 일하고 싶은 건 당연한 이치다.

회사라는 기이하고 편협한 세상 너머

회사는 개인이라면 고려하지 않을 매출 증가, 예산 절감, 고객 만족도 향상 등 기이한 목표를 달성하기 위해 전력 질주한다. 일의 기획부터 진행 과정, 결과 보고까지 체계적으로 관리되고 그에 따른 상벌도 존재한다. 개인적인 일이라면 '그럴 수도 있지'라고 대수롭지 않게 넘길 법한 사소한 실수도 브랜드 가치 손상액을 따지며 돈으로 환산되는 통에 모두가 긴장하게 된다. 자연스럽게 표정 없는 가면을 쓰고 서로 사무적으로 대하기 쉽다. 심지어 회사는 인격보다 업무 능력으로 평가되어 이기적인 인격의 소유자가 성공하기 유리한 구조를 갖추고 있다. 그들을 모델로 삼아 비슷한 가면을 골라 쓰고 다니는 사람도 많다.

"회사는 돈 버는 곳인데, 굳이 나를 드러내봤자 약점만 잡히지."

그런데 모두가 돈을 벌기 위해 어쩔 수 없이 일하러 오는 회사에는 한 가지 비밀이 있다. 평생 따르며 존경할 만한 훌륭한 인격자도 회사에 일하러 온다는 사실이다. 시간은 진실 탐지기가 되어 그들의 모습을 서서히 드러나게 해준다. 회사에선 약점이 될 수 있는 이타적인 마음과 공감력, 사람 됨됨이는 그들의 내면에 강인함이 깃들어 있음을 말해준다.

차가운 일터에서 만난 따뜻한 사람들은 자신을 드러내지 않으려 전전긍긍하기보다 휴식 시간에 대화를 하면서 자연스럽게 자신을 드러낸다. 남의 것을 빼앗으려 들기보다 내 것에 집중하며 성장을 추구한다. 무엇보다 그들은 친절하고 유쾌하다. 자신이 보는 만큼, 마음을 여는 만큼, 좋은 걸 얻을 수 있다는 원리는 회사라는 기이하고 편협한 세상 너머를 지배한다. 그들은 이 원리를 알고 있는 것이다.

"선배님, 안부 전화를 드렸어요. 잘 지내시죠?"

가끔 회사를 떠난 좋은 사람에게 안부를 전한다. 그들은 회사 안에서나 밖에서나 늘 따뜻한 목소리로 전화를 받는다. 존재하는 위치와 상관없이 한결같은 그들과 대화하다 보면, "잘했다", "괜찮다", "고맙다"라며 서로 격려하며 살아가는 존재가 우리임을 깨닫게 된다. 같이 일하고 싶은 사람이란 결국 사람

됨됨이에 방점이 찍힌다. 우리는 평생을 직업인으로 살지 않는다.

To-do List

8. 같이 일하고 싶은 사람 되기

* 휴식 시간에는 일 이야기보다 쉼을 나눌 줄 아는 사람이 되자.

* 업무의 맥락을 읽고 일이 되게 만드는 사람이 되자.

* 회사 안에서도 밖에서도 타인을 다시 만날 사람처럼 친절하게 대하자.

고통스럽게 일했지만
신나게 놀기도 했지

즐기기

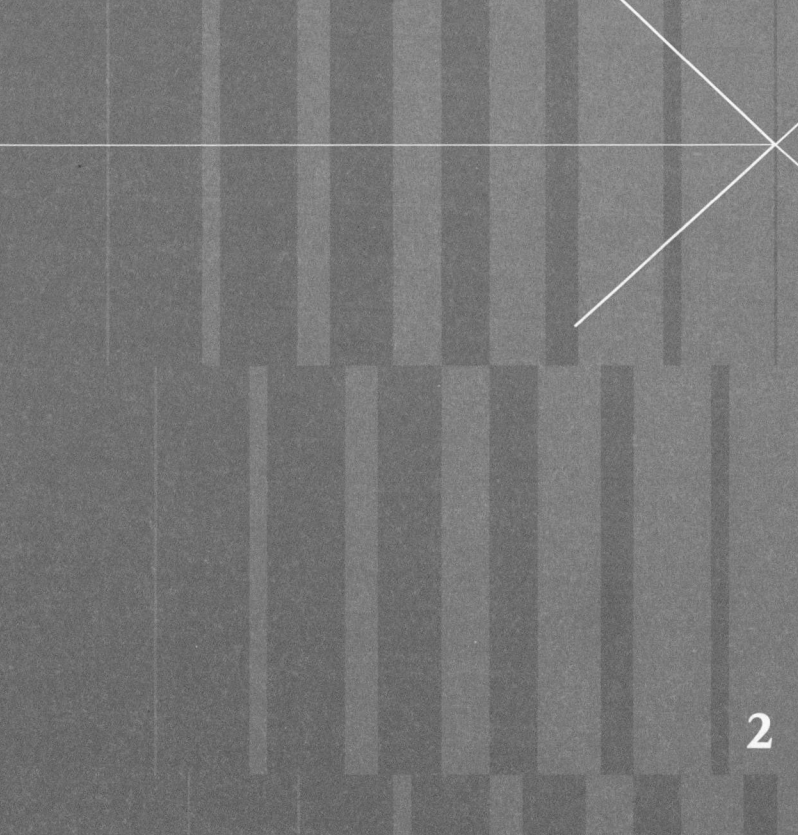

2

회사만큼
재밌는 곳은 없다?

수필집 『오블라디 오블라다 인생은 브래지어 위를 흐른다』
에서 회사 생활을 궁금해하던 하루키에게 삽화가 안자이 미즈
마루(安西水丸)가 이렇게 말한다.

"세상에서 회사만큼 재밌는 곳은 없다."

이유인즉슨 일은 제대로 안 하는데 월급은 꼬박꼬박 나오고,
점심을 먹다 보면 자연스럽게 술자리로 이어지며, 사내 연애까
지 가능하니 이런 곳이 세상천지에 어디 있냐는 것이다. 이런
근무 태도 때문인지 그가 회사를 그만둘 때 말리는 이가 한 사

람도 없었다며 섭섭해하긴 했지만….

안자이의 말은 곱씹어보면 일견 수긍이 가는 대목도 있다. 일단 회사원이 받는 월급부터 들여다보면 월급 3백만 원, 즉 연봉 3천6백만 원을 안정적으로 얻기 위해서는 연 3~4% 이자를 주는 금융상품을 찾아 10억 원을 예치해야 한다. 그런 의미에서 월급의 가치는 생각보다 대단하다. 그렇다고 퇴사할 때 원금 10억 원을 돌려주진 않지만, 고정 수입이 가진 가치에 대한 비유로는 새겨들을 만하다.

실제로 월급은 매달 나가는 주거비와 통신비, 각종 구독료 등을 안정적으로 지급할 수 있게 해 생활을 윤택하게 해준다. 건강보험을 비롯한 4대 보험의 혜택도 제공한다. 적금을 붓는 등 자금 계획을 세우고 대출을 받아 투자할 기회도 가져다준다. 우리는 돈은 다 같은 돈이라고 생각하지만, 월급은 그 어떤 돈보다 훨씬 힘이 세다.

회사 생활의 장점은 경제적 이유에서 그치지 않는다. 회사에 다니다 보면 '아주 가끔' 흥겨운 술자리도 벌어진다. 돈벌이란 공통된 관심사와 상사로 대표되는 공동의 적이 있으며, 출퇴근이란 일상의 궤적 역시 비슷하니 노력 여하에 따라 좋은 인간관계를 맺을 수 있다.

미혼의 선남선녀라면 전선에서 싹튼 사랑처럼 포탄을 함께 나르다 마음이 통할 수도 있다. 상대 앞에 떨어진 업무 보고서라는 수류탄을 멋지게 참호 밖으로 던져 목숨을 구해주거나, 경쟁사와 백병전을 치르며 쌓인 전우애가 사랑으로 변질, 아니 변할 수도 있다.

이야기가 이쯤에 이르면 '회사도 꽤 재밌을 수 있겠구나!'란 생각이 들지도 모른다. 그렇다면 준비는 끝났다. 이제 어떻게 하면 회사를 놀이공원처럼 즐길 수 있는지 본격적으로 탐구해 보자.

일과 놀이의 차이

야근도 불사하며 회사를 놀이공원처럼 즐겁게 다니는 사람들이 있다. 출근만 하면 얼굴에 홍조가 돌고 맑은 광인의 눈빛을 보이는 그들은 업무뿐 아니라 사내 정치도 즐겨 남보다 빨리 승진한다. 흔히 이런 사람들을 '회사형 인간'이라 한다.

누군가는 회사형 인간이 놀이공원에 놀러 가듯 회사에 출근하는 이유를 실제로 일이 재밌거나 적성에 맞기 때문이라 생각한다. 그러나 아무리 좋아하는 것도 책임과 의무가 따르는 일로 접하면 쉽게 지치기 마련이다.

그들은 대체 어떻게 회사를 놀이공원처럼 즐겁게 다니는 걸까? 그들의 태도는 모두가 본받을 만할까? 이 질문에 대한 답을 찾으려면 일단 놀이란 무엇인지부터 알아야 한다.

문화역사학자 요한 하위징아는 사람을 '놀이하는 인간'이란 뜻의 '호모 루덴스'라고 명명한다. 그는 놀이가 인간 본성이자 사회 문화의 원류라고 말하며 법과 제도, 종교, 정치, 예술조차 놀이에 기원을 두고 있다고 주장한다.

사회학자 로제 카유아(Roger Caillois)는 하위징아의 이론을 발전시켜 놀이를 경쟁과 우연, 모방, 현기증 등의 형식으로 정리한다. 경쟁은 타인과 승부를 겨루는 게임에서, 우연은 주사위 굴리기나 카드 게임처럼 행운에 기댄 놀이에서 흔하게 나타난다. 모방은 핼러윈데이에 가면을 쓰고 괴물 흉내를 내는 형식으로, 현기증은 놀이공원에서 놀이기구를 탈 때 느껴지는 신체적 감각과 연관된 놀이로 이해할 수 있다.

이런 방식으로 생각을 이어가다 보면 법원 재판에서조차 놀이와 닮은 점을 발견할 수 있다. 판사는 아무나 입을 수 없는 법복을 입음으로써 신의 권위를 위임받은 듯한 흉내를 낸다(모방). 원고와 피고, 양측 변호사는 법이라는 규칙 내에서 서로를 이기기 위해 변론을 한다(경쟁). 하위징아가 법과 재판 제도의 문화적 근간을 놀이 형식에서 찾은 것도 일견 일리가 있어 보인다.

그러나 현실에서는 누구도 재판을 놀이로 보지 않는다. 재판은 강제된 것이고, 그 결과에 따라 책임 소재가 갈리며 무거운 처벌이 따르기 때문이다. 이 대목에서 일과 구분되는 놀이의 속성이 드러난다. 놀이는 자발적이고 비일상적이며 비생산적이란 점에서 일과 근본적으로 다르다.

회사형 인간 대 놀이하는 인간

안자이의 말처럼 비생산적인 회사 생활을 지향하고 어슬렁거리며 출퇴근한다면 회사도 놀이공원이 될 수 있다. 그런데 그가 실제로 그런 회사 생활을 했는지 확인할 길이 없고, 또 회사를 대충 다니는 건 타고난 재능의 영역이라 아무나 못 한다. 반면 회사형 인간이라면 가능할 법도 하기에 이를 현실적인 모델로 고려하는 직장인이 많은 것이다. 결론부터 말하자면 회사형 인간의 놀이는 가짜이며, 오히려 놀이의 의미를 오염시키는 행위에 가깝다. 왜 그럴까?

회사에서 놀이의 정신은 성과에 대한 위협 없이 상상하는 자유로움, 불가능한 발상을 시도하며 기존의 규칙을 전복시키는 과감함에 있다. 놀이는 꽉 짜인 현실에서 벗어나 새로운 규칙과 역할, 질서가 정립된 세계를 창조하는 행위인 동시에 경제적 관점에서 전혀 쓸모없음으로 무장하여 산업 사회에 저항하는 속성을 지니기 때문이다.

반면 회사형 인간은 가면을 제 얼굴인 양 자랑하며 놀이가 아닌 공연을 시작한다. 자세히 들여다보면 그들의 손과 발에는 의무와 욕망의 낚싯줄이 걸려 있다. 그들은 의외성과 우연성이 만든 재미 대신 자발성을 가장한 복종을 연출한다. 생산을 위한 꼭두각시로 살아가며 무대에서 춤을 추다 타인을 향해 섬뜩한 대사를 날린다.

"일을 놀이처럼 하란 말이야! 그래야 성과가 난다고!"

권력과 산업 사회의 추종자들은 본능적으로 놀이와 웃음을 싫어한다. 놀이는 자유와 비생산성을 무기로 기존 체제를 위협하고 웃음은 권력자에 대한 두려움을 사라지게 만들기 때문이다. 움베르토 에코의 소설 『장미의 이름』에서 웃음을 다루는 아리스토텔레스의 『시학』 제2권 희극 편에 독을 발라 사람들이 웃음에 접근하지 못하게 하는 설정이 등장한 이유도 그 때문이다. 권력은 늘 놀이와 웃음을 두려워한다.

이런 점들을 종합할 때 우리는 회사형 인간을 추종할 이유가 전혀 없다. 놀이의 정신을 오염시키는 이들을 따르기보다 더 잘 놀고 더 많이 웃어야 한다. 더 즐겁고 신나게 살아감으로써 우리를 부품처럼 다루는 조직적인 힘에 저항해야 한다.

운동과 예술, 인문학 놀이

고대 원시 사회에는 일이란 개념이 없었다. 배고프면 열매를 따 먹고 사냥을 했다. 근대 산업화를 거치며 일과 놀이는 한 몸에서 떨어져 나와 서로 대립적인 개념이 됐다. 놀이가 떨어져 나가자 일은 온전한 고통으로 변해버렸다.

기울어진 삶의 균형을 찾기 위해 우리는 일에 매진하는 만큼 열심히 놀아야 한다. 여기서 말하는 놀이는 단순히 소파에 누워 자거나, 휴대전화로 유튜브 쇼츠를 보는 행위와는 다르다. 그런 행위들은 소극적이고 수동적인 휴식에 가까워 상상하고 꿈꿀 수 있는 여지가 적다.

일과 삶의 균형을 맞추기 위해 우리는 어떻게 놀아야 할까? 운동과 예술, 인문학의 세 가지 방식으로 놀 수 있어야 한다. 내 경우 운동 삼아 퇴근 후 권투를 배웠다. 줄넘기를 30분 넘게 하면서 몸을 풀고, 거울에 비친 자세를 점검하며 섀도복싱을 했다. 처음엔 건강을 위해 시작했으나 점차 재미를 느끼게 됐고, 급기야 '지구상에 나의 빠른 주먹을 피할 인류가 있을까?'란 무모한 생각에 이르렀다. 자진해서 링 위에 올라가 프로 선수와 실전 스파링도 했다. 그리고 상대 주먹이 내 얼굴을 때리고 지나가고 1~2초 후 '푸르르' 소리를 내며 허우적대는 건 과장된 코미디가 아님을 알게 됐다.

그 뒤로 스파링이 예정된 날에는 회사 일에 대한 걱정이 말끔히 사라졌다. 현실에서 물리적으로 몸을 두들겨 맞는 게 훨씬 더 걱정됐기 때문이다.

악기를 배우거나 그림을 그리거나 프라모델을 만드는 것 같은 예술적 취미도 좋다. 전부터 피아노를 배우고 싶었다면 성인 취미반에 등록하거나 유튜브 영상을 참고해 독학하는 방법을 고려해 볼 수 있다. 나 역시 어릴 적에 피아노를 배우지 못했지만, 차가운 도시를 배경으로 고독하게 연주하는 남자의 이미지를 로망처럼 간직하고 있던 터였다. 연주하기 쉬우면서도 선율이 아름다운 곡을 골라 틈틈이 연습한 끝에 악보를 외운 곡은 불을 끄고도 연주할 수 있을 만큼 손에 익었다. 라흐마니노프 피아노 협주곡 2번 1악장의 장엄한 종소리를 들을 때처럼 예술의 강에 흠뻑 빠지는 수준은 아니지만, 찰랑이는 물결에 조용히 발끝을 담그는 기쁨은 누릴 수 있다. 나중에는 카페나 거리에 피아노가 보이면 한두 곡 정도 연주하거나 친구 결혼식에서 축가를 연주하기도 했다.

철학자 아르투어 쇼펜하우어는 『의지와 표상으로서의 세계』에서 예술과 인문학 활동이 고통을 불러일으키는 코딩된 세계에서 벗어날 수 있게 해준다고 말한다. 오십 번 백 번을 들여다봐도 늘 새로운 자기만의 책이나 영화를 갖는 것도 좋은 놀이가 될 수 있다.

나는 해외 출장을 갈 때면 가와바타 야스나리의 소설 『이즈의 무희』와 『설국』이 실린 1979년 판 금성출판사 책을 가져간다. 책장을 펼치면 하얀 입김과 함께 에치고 유자와 마을의 눈 덮인 설산이 펼쳐진다. 코마코와 요오코의 서글픈 노랫소리가 들리고 언젠가 눈처럼 사라질 존재가 갖는 아름다움에 대해 생각하다 보면 출장의 피로가 말끔히 사라진다.

일과 무관한 놀이로서 취미는 자신만의 전용 놀이공원과 같다. 밤이 있어 낮이 있듯, 고통스러운 일터의 반대편에 자기만의 놀이터를 마련해 두자. 그곳에서 웃고 노래하며 즐기다 보면, 삶은 서서히 균형을 되찾게 된다. 산다는 건 어쩌면 좋은 것일지도 모른다는 생각에 이른다.

To-do List

9. 놀이하는 사람 되기

* 워라밸은 일과 휴식이 아니라 일과 놀이의 균형을 뜻한다.
* 회사형 인간을 바라기보다 놀이하는 인간이 되자.
* 운동과 예술, 인문학 취미를 하나씩 가져보자.
* 산다는 건 좋은 일임을 느껴 보자.

슬럼프,
진정한
일의 동반자이자 동료

일하다 보면 슬럼프가 찾아오기 마련이다. 그 주기가 핼리혜성만큼 드물다고 해도 매일 출근하는 직장인은 높은 확률로 슬럼프에 빠질 수밖에 없다. 직장인에게 진정한 일의 동반자이자 늘 함께하는 동료는 슬럼프라고 해도 과언이 아니다. 과연 슬럼프에서 탈출할 방법이 있을까?

슬럼프에서 벗어나려면 먼저 원인부터 파악해야 한다. 직접적인 원인으로는 과중한 업무와 인간관계, 번아웃을 꼽을 수 있다. 대부분의 직장인은 이 세 가지가 도돌이표처럼 되풀이되는 '서클 오브 슬럼프(Circle of Slump)'에 갇혀 있다. 예를 들면 이런 상황이다.

"시간도 예산도 부족해 다른 부서에선 피하는 프로젝트를 팀장이 덥석 가져와 반드시 성공시켜야 한다고 밀어붙인다. 후배가 슬그머니 다가와 이런 시간 낭비를 하고 싶지 않다며 툴툴댄다. 이번 달엔 부모님 병원을 모시고 다니느라 제대로 쉬지도 못했는데…. 아, 지친다."

직장인이라면 대체로 이와 비슷하게 산다고 할 수 있다. 아리스토텔레스 역시 도돌이표처럼 반복되는 이런 삶의 패턴을 간파했다. 그리스 비극이나 서사시의 원리에 대해 논한 저서 『시학』에서 그는, 삶을 모방한 이야기는 문제와 해결이란 두 가지 구조로 이루어졌다고 말한다. 그 같은 아리스토텔레스의 논리에 대입해 볼 때 삶은 확실히 문제의 연속이다. 우리는 그걸 풀어내며 한 편의 이야기처럼 삶을 완성해 나간다. 슬럼프가 문제라면 그 역시 좋은 이야기와 좋은 삶을 위해 우리가 풀어내야 할 숙제인 셈이다.

우리는 슬럼프란 문제를 어떻게 해결할 수 있을까?

직업의 시간을 위한 충전

나는 슬럼프에 빠지면 앞서 소개한 의사 친구에게 하소연을 한다. 한번은 회사 업무 문제로 머릿속이 복잡한 상태에서 친구를 찾아 고민을 털어놓았다. 어릴 때부터 나의 잡다한 고민 상담을 도맡아온 친구는 내 말을 다 듣고 나서 대뜸 되물었다.

"너 어제 충분히 잤니?"

"응? 이 복잡하고 깊이 있는 고민을 듣고 겨우 잘 잤냐고 묻는다고?"

"잠이 부족하면 쉽게 우울해져. 일단 푹 자는 것부터 시도해봐. 그리고 산책을 하거나 수영장에 가거나 하면서 어떻게든 몸을 움직여."

친구 말을 듣고 곰곰이 따져봤다. 슬럼프는 확실히 잠이 부족해 몸이 극도로 피로할 때 증폭됐고 충분히 잔 다음날은 그럭저럭 견딜 만했다. 실제로 분당 서울대병원 연구팀이 한국인을 대상으로 수면과 우울증의 연관성을 조사한 결과, 수면 시간이 하루 평균 5시간 미만인 경우 우울증 발병률이 최대 3.7배 이상 높아졌다고 한다. 충분한 수면을 취해 몸 상태를 최고로 만드는 것과 마음의 건강이 밀접한 연관성이 있다는 뜻이다. 피곤하면 만사가 귀찮기 마련이므로 부담스러운 회사 일은 더 크게 느껴질 수밖에 없다.

슬럼프에서 탈출하기 위해서는 무엇보다 충분한 햇볕을 쬐고 잠을 푹 자서 문제 해결에 나설 수 있는 건강한 몸 상태를 만들어야 한다. 구체적으로 점심시간을 이용해 회사 주변을 산책하거나 퇴근 후 집 근처 공원에서 달리기를 하는 것도 방법이다. 유명한 북유럽 침구를 사는 것도 권장할 만하다. 내 경우엔 기능성 베개를 사고 취침 전 수면을 유도하는 요가를 한 뒤 잠자리에 들었는데 꽤 효과가 좋았다.

세계관을 담은 자기만의 주문

몸 상태가 좋고 잠을 푹 잤다고 해서 문제가 해결되진 않는다. 고승이 명상을 해서 깨달음의 삼매경에 빠졌다가 깨어난다고 해도 사당에 쌓인 먼지가 사라질 리 만무하다. 잠은 잠이고 일은 일이다.

슬럼프에 빠진 채로 세상일을 바라보면 모든 게 부정적으로 보인다. 이때 자기만의 주문을 읊조리면 마음의 그늘에서 벗어나는 데 도움이 된다.

미국의 전설적 앵커이자 가장 신뢰받는 언론인 중 한 명인 월터 크롱카이트는 뉴스를 마칠 때 "And that's the way it is(세상사란 게 다 그런 거죠)!"란 말을 주문처럼 읊조리곤 했다. 복잡하고 무거운 뉴스 말미에 덧붙인 이 말은 탁한 공기를 환기해 준다. 따지고 보면 세상일이란 당장은 뒤죽박죽 엉망이고 금방이라도 종말이 올 것 같아도 시간이 지나면 대수롭지 않은 일이 된다. 크롱카이트가 읊조린 주문은 많은 시청자가 분노를 가라앉히고 상황을 차분하게 바라보는 데 도움이 됐음은 물론이다.

영화 〈중경삼림〉에서 마약밀매상 역을 맡은 임청하는 레인코트를 입고 선글라스를 쓰는 묘한 패션을 보여준다. 그녀는 "언제 비가 오고 해가 뜰지 알 수 없다"라고 주문을 걸듯 혼잣말을 한다. 예상치 못한 일은 언제든 벌어질 수 있고 사람의 마음이 날씨처럼 변덕스럽다면, 그녀가 레인코트를 입고 선글라스를 쓴 것처럼 만반의 준비를 해서 문제를 차분히 해결해 나가면 된다. "언제 비가 오고 해가 뜰지 알 수 없다"라는 말은 암흑세계의 생존법을 담은 그녀만의 주문인 셈이다.

그녀와 우연히 술집에서 마주친 경찰 223 역의 금성무에게도 자신만의 주문이 있었다. 변심한 여자 친구가 돌아오기를 기다리던 그는 통조림에 적힌 유통기한을 확인하며 "모든 사물엔 유효 기간이 있다"라고 말한다. 이 말이 통조림에 유통기한이 있듯 사랑의 감정과 기억에도 나름의 유효 기간이 있다는 뜻이라면, 이별을 받아들이고 새로운 사랑을 시작하는 은유로는 나름 효과가 있을 것이다.

나는 "두려워하지 마라"라는 문구를 주문으로 읊조리곤 한다. 스트레스를 받거나 마음이 혼란스러울 때 잡지에서 본 이 문구를 읊조리다 보면, 신기하게도 마음이 차분해진다. 마음속 작은 불안감이란 눈덩이를 굴려 거대한 괴물을 만든 건 아닌지 돌이켜 보면, 내가 마주할 일과 상대의 객관적인 크기가 눈에 들어온다. 두려움 없이 바라본 게 일과 상대의 전부라고 생각하면 확실히 용기가 난다.

나만의 주문을 만들다 보면 자신의 세계관을 돌아보고 사전에 준비하는 태도를 갖추게 된다. 세상은 날씨처럼 변덕스러울 수도, 통조림처럼 유통기한이 있을 수도, 복잡다단한 뉴스로 점철된 것일 수도 있다. 통조림을 먹어 치우는 것처럼 말끔히 해치우든, 세상사가 다 그렇다며 대수롭지 않게 넘기든 무언가를 대하는 자신만의 태도가 정립되면, 심리적 안정이 찾아오고 자연스럽게 이성을 되찾게 된다.

우리가 바꿀 수 있는 건 삶의 조건이 아니라 이를 대하는 태도뿐이다. 책이나 영화를 보고 마음에 드는 문장을 발견하면 밑줄을 긋고 자기만의 주문으로 삼아보자. 세상에 대한 자기만의 은유를 만들어 아침마다 거울을 보며 주문처럼 읊조려 보자.

희망봉을 지나는 기술

/

희망봉은 아프리카 대륙 남쪽에 있다. 원래 이름은 파도가 심해 '폭풍의 곳'이었지만, 인도로 가는 새로운 항로 개척의 뜻을 기려 포르투갈 국왕이 희망봉으로 고쳐 부른 데서 유래했다고 한다. 폭풍의 곳에서 희망봉으로 단순히 이름을 바꿨을 뿐이지만 상징적 효과는 컸다. 선원들은 폭풍의 곳을 지날 때마다 난파의 공포에 시달렸지만, 희망봉으로 이름이 바뀐 뒤엔 부(富)와 명예를 꿈꾸게 됐고 새로운 세계가 기다리고 있다는 믿음이 생겨났다.

희망은 미래를 떠올리게 하고 꿈을 상기시키는 힘이 있다. 희망이 있다면 당장의 폭풍과 힘든 항해도 쉽게 견딜 수 있다. 하와이행 비행기의 일반석은 비좁고 불편하기 짝이 없지만, 아름다운 와이키키 해변이 기다리고 있음을 떠올리면 그 역시 참을 만한 일이 된다. 마찬가지로 직장인도 자기만의 희망봉을 정하고 그곳을 지나는 기술을 배워야 한다. 3년 후 혹은 5년 후 자신이 원하는 일, 이루고 싶은 꿈의 장소를 찾는 데서 시작하면 좋다. 거창한 목표가 떠오르지 않는다면 저축 목표액을 정하는 것처럼 소소한 일도 괜찮다.

기대하는 미래가 있는 사람은 괴로워도 완벽한 괴로움에 빠지지 않는다. 폭풍이 뱃전을 때리고 돛이 찢어질 듯 펄럭이는 건 자신이 지금 희망봉을 지나고 있다는 증거다. 불편한 인간관계도 부담스러운 업무도 꿈을 위한 항해의 일부라고 생각하면 그 역시 기꺼이 감내할 만한 일이 된다. 설사 꿈을 실현하는 시기가 다소 늦어지더라도 괜찮다. 덕분에 희망봉을 지날 때 괴로움을 덜었을 뿐 아니라 유예된 희망은 여전히 항해의 목적이 되어주기 때문이다. 오히려 꿈이 덜컥 이뤄졌다면 서둘러 새로운 꿈을 준비해야 한다.

삶은 여러 목적지가 이어진 하나의 긴 여정이다. 돛대에 올라 망원경을 펼치고 대양을 조망해 보자. 가보고 싶은 섬을 발견하면 항해 일지에 기록하고 돛을 펼쳐보자.

열정의 고갈도 삶의 일부

나 역시 오랜 기간 극심한 슬럼프에 시달린 적이 있다. 기운을 차리려고 여러 방법을 시도했지만, 무력감이 사라질 기미가 보이지 않았다. 잠은 잘 자냐고 묻던 친구는 이번에도 내 이야기를 열심히 들어줬다. 평소 "지금이 평화롭고 만족스럽다면, 그건 네가 5년 전 최선을 다해 살았기 때문이야. 현재를 열심히 살아야 할 이유지"라고 말하던 친구가 뜻밖에도 이런 말을 건넸다.

"지금까지 열심히 살았잖아. 좀 쉬어도 돼."

"그래도 발 구르기를 멈추면 5년 후엔 가라앉을 텐데?"

"의욕은 영원히 샘솟는 우물이 아니야. 걱정 말고 쉬어."

잠을 충분히 자고 자기만의 주문을 외우고 희망봉을 향해 달린다. 하지만 그렇게 열심히 달리던 선원도 어느 날 밤하늘의 북극성을 바라보며 문득 체력도 정신력도 고갈됐음을 깨닫는다. 선박의 연료 게이지가 마지막 눈금을 지나 바닥에 처박힌 채 움직이지 않는다. 열정은 정신력만으로 무한히 퍼낼 수 있는 화수분이 아님을 인정해야 한다. 나이가 들수록 자동차 엔진 오일에 스틱을 꽂아 점검하듯 의욕의 정량을 주의 깊게 확인할 필요가 있다.

우리는 그동안 열심히 살았다. 세상사가 힘에 부치고 지칠 땐 펼친 돛을 방치해 두고 잠시 이리저리 휩쓸릴 수 있음을 인정할 수 있어야 한다. 번아웃이 찾아오고 땡볕에 시든 채소처럼 지친 건 자신이 나약하다기보다 그저 오랜 항해로 지쳤기 때문이다.

열정의 고갈과 아무렇게나 널브러진 쉼도 긴 항해의 일부임을 인정하는 용기가 필요하다. 잠시 생각을 멈추고 좋아하는 게임도 해보고 음악을 들으며 꽃꽂이도 해보자. 아무것도 안 해도 좋으니 그저 마음을 푹 놓아보자. 그렇게 쉬다 보면 곁에 있는 항해 일지가 다시 눈에 들어오는 날이 찾아온다.

10. 슬럼프를 동료로 인정하기

* 슬럼프 탈출을 위해서는 충분한 수면과 가벼운 신체 활동이
  먼저다.

* 세상을 은유적으로 받아들일 수 있는 자기만의 주문을 만들자.

* 이루고자 하는 단기적 목표를 정해 동력을 얻자.

* 의욕은 정량이 있으니 지칠 땐 충분히 쉬어가자.

일터에서 받은 상처는
놀이로 치유한다

취직하기 전에는 직장 동료랑 영화를 보거나 등산을 가는 등
의 여가 활동을 함께하는 게 이상하게 느껴졌다.

'회사에서 매일 보는 동료를 굳이 밖에서까지 만난다고? 친
구가 없나? 아니면 강요에 못 이겨 반강제로 끌려 나온 걸까?'

직장인이 되고 나이가 들면서 어릴 적 친구와는 만나기가 쉽
지 않고 갈수록 사람을 사귈 기회가 적어진다는 사실을 알게
됐다. 오랜만에 친구를 만나도 삶의 궤적이 달라 대화의 공감
대가 옅어졌다.

그런 면에서 직장 동료는 훌륭한 친구가 될 수 있다. 같은 회사에 근무한다는 건 서로 비슷한 삶의 궤적을 그리며 살아왔다는 뜻이다. 일을 하다 보면 자연스레 공감대와 전우애도 싹트기 마련이다. 회사에서 친구를 사귀고 함께 논다는 건 어쩌면 지극히 자연스러운 일인 셈이다.

요즘엔 사내 동호회나 소모임 참여가 권장되는 문화가 형성되면서, 회사가 장소나 경비를 일부 지원해 주기도 한다. 회사 입장에선 직원 간 소통을 통해 업무 갈등이 줄어들고 소속감과 조직문화 개선에 도움이 되는 효과를 얻을 수 있다. 조직의 자율성과 창의성을 제고하는 기회가 되는 건 덤이다.

회사를 재밌게 다니고 싶다면 사내 동호회나 소모임 가입을 고려해 볼만하다. 문제는 윗사람이 강요하거나 모임에 껄끄러운 사람이 있는 경우다. 자신이 호기심을 느낄 만한 동호회가 없는 경우도 많다. 그럴 땐 과감하게 직접 만들어보는 걸 권한다.

딴짓의 즐거움

내가 처음 만든 동호회는 영화 감상 모임이었다. 영화 감상 모임이라 하면 자칫 평범해 보일 수 있는데, '영구' 캐릭터가 등장하는 영화를 주로 시사하고 평가하는 모임이었다!

지금이야 영화 〈용가리〉를 치킨 브랜드 정도로 기억하는 사람이 많지만, 당시에는 여러 면에서 의견이 분분했다. 한국 괴수 영화의 계보를 잇는 작품이자 기술적인 면에서 높은 평가를 받았기 때문이다. 이런 이유로 딱히 누가 시킨 것도 아닌데 '그렇다면 내가 냉정히 평가해 주마!'란 기치를 내걸고 영화 감상 모임을 만들었다.

문제는 회원 모집이었다. 동료들에게 조심스럽게 다가가 '슬며시' 가입 제안을 던지면 대부분 피식 웃거나 놀려댔다. 다행히 나와 비슷한 성향을 지닌 한 동료가 호응을 해준 덕분에 간신히 회원이 단 두 명인 동호회가 탄생하게 됐다.

영화 감상 모임은 활동 시작과 동시에 뜻밖의 장애물에 부딪혔다. 〈영구와 공룡 쭈쭈〉나 〈티라노의 발톱〉, 〈영구와 우주 괴물 불괴리〉, 〈드래곤 투카〉 같은 작품을 구할 수가 없었다. 우리는 전화기를 붙들고 당시 사라져 가는 비디오 대여점을 수소문해 작품을 수집했다. 그렇게 구한 영화를 퇴근 후 사람들의 눈을 피해 비밀스럽게 모여 함께 보고 의견을 나눈 뒤 감상평을 개인 홈페이지에 올렸다. 나름대로 열심히 활동했던 이 모임은 영화 〈디워〉 관람을 끝으로 활동을 마무리했다.

두 번째 동호회는 친한 선배가 잘 안 읽히는 책이 있다며 함께 읽어보자고 역시 '슬며시' 제안을 해오면서 만들게 됐다. (회사에서 업무와 무관한 활동은 '슬며시' 제안하는 게 '룰'이다.) 이번 모임은 '미디어 연구회'란 거창한 이름을 달고 활동을 시작했다. 미디어 이론가 마셜 매클루언(Marshall McLuhan)의 혜안이 담긴 저서 『미디어의 이해』나 제이 데이비드 볼터(Jay David Bolter)와 리처드 그루신(Richard Grusin)의 공저서 『재매개』 같은 어려운 학술 서적을 주로 읽었다. 그리고 깨달았다. 혼자 읽어서 이해하기 어려운 책은 여럿이 읽는다고 이해될 리 없다는 사실을 말이다.

첫 번째 동호회와 마찬가지로 미디어 연구회도 운영상의 어려움이 있었다. 이 동호회는 그럴듯한 이름과 취지 때문인지 홍보도 안 했는데 사람들이 모이기 시작했다. 처음에는 한두 사람이 귀엣말로 '슬며시(!)' 참여 의사를 밝히더니, 서부 개척지를 향하는 마차 무리처럼 "나도 할래" 행렬이 이어지며 순식간에 스무 명이 넘게 모였다. 성공 보장을 앞세운 마케팅 강의장처럼 사람들이 북적이게 되자 동호회는 책 선정 위원회부터 회의실 예약 위원회, 간식 보급 위원회까지 여러 종류의 시스템이 필요해졌다. 나중엔 이도 저도 귀찮아 슬그머니 모임을 해체하게 됐다.

그 후에도 다양한 소모임을 만들었다. 만나기만 하면 회원들의 말수가 줄었던 '영어 토론 모임', 이름부터 수상한 '초능력 연구회', 부자가 되려는 목적으로 모였지만 신세 한탄으로 끝나버린 '부자 클럽', 소크라테스 이전의 철학을 공부했던 '고대 그리스 철학 스터디'…. 마음이 맞는 동료들과 모여 가면을 벗어둔 채로 100% 순도의 딴짓을 하는 건 즐거움 그 자체였다.

이런 경험을 통해 동호회를 만들 때 주의할 점도 알게 됐다.

* 동호회는 비밀리에 만든다. 소문나면 "퇴근 후 저녁 먹은 건데?"라며 짐짓 모른 척한다.
* 구성원은 서로 마음이 맞아야 한다. 누군가가 불편해하는 사람은 받지 않는다.
* 술을 마시거나 하는 친목 도모는 동호회 본연의 활동을 끝마친 뒤에 한다.

일터가 남긴 상흔

동호회 활동은 딴짓, 즉 놀이에 가까우므로 회사 업무와 무관한 것일수록 좋다. 이렇게 말하면 혹자는 "영어 토론이나 미디어 연구 같은 활동은 업무와 관련이 있는 게 아닌가요?"라고 반문할 수 있다. 우리는 일과 놀이를 활동 내용에 따라 구분하는 경향이 있다. 보고서를 쓰거나 회의에 참석하는 건 일이고, 놀이공원에 가거나 TV 드라마를 보는 건 놀이라는 식으로 말이다. 그러나 놀이공원 직원이 정기 점검차 놀이기구를 탄다거나 방송사 심의 담당자가 드라마를 보는 행위를 놀이라 할 순 없다.

커뮤니케이션 학자 윌리엄 스티븐슨(William Stephenson)은 『대중 매체의 놀이 이론(The Play Theory of Mass Communication)』에서 일과 놀이의 구분 기준으로 '고통의 유무'를 제시한다. 예컨대 카페에 놓인 피아노를 연주한다고 해보자. 연주라는 행위는 동일하지만, 혼자 즐기기 위한 연주와 카페 사장과 손님 앞에서 검증받기 위한 연주는 엄연히 다르다. 후자의 경우 타인의 기준에 부합해야 인정을 받을 수 있기에 긴장감과 불안감 같은 고통이 따른다. 혼자서 즐기기 위한 연주는 실수해도 괜찮지만, 타인의 검증을 받기 위한 연주는 카페 사장에게 "이 정도 실력으론 부족하다"라는 말을 듣는다면 수치심을 느끼고 자아가 훼손될 수 있다.

요컨대 일이 고통스러운 건 우리의 잘못이 아니라 일의 본질이 그러하기 때문이다. 일은 본질적으로 고통을 수반한다는 점에서 고통의 유무로 일과 놀이를 나누는 관점은 묘한 위로를 전해준다. 문제는 어른의 삶은 대부분 일의 기억으로 채워진다는 점이다. 좀처럼 감정을 드러내지 않는 무표정한 얼굴이나 상처받지 않기 위해 잔뜩 움츠린 태도 등은 일터가 남긴 상흔이다.

동호회 활동 같은 놀이는 일터에서 받은 상처를 치유해 주는 역할을 한다. 놀이는 일터에서 고통받는 자아가 숨 쉴 공간을 마련해 주는 마법과도 같다. 타인의 기준에 부합하거나 무언가를 생산하거나 누군가를 기쁘게 하기 위해서가 아니라 그 자체로 즐겁고 자발적인 활동으로 자아를 마음껏 표현할 수 있기 때문이다.

놀이 활동은 혼자도 좋지만 마음이 맞는 친구와 함께하면 재미가 배가된다. 회사에서 일로 훼손된 자아는 사내 동아리 활동 같은 놀이로 치유할 수 있다.

놀이의 추억

사방에서 고통이 발길에 차이는 회사에서 동료와 이런 대화를 나누곤 했다.

"〈티라노의 발톱〉이 대사가 거의 없는 넌버벌(Nonverbal) 영화에 가까웠다니 의외로군요."

"고대 그리스 사람들도 자연 현상을 해석할 목적으로 신화를 꾸며냈단 걸 알고 있었네요."

이런 대화를 떠올리면 한겨울 외투 안에 군고구마를 품은 듯 마음이 훈훈해진다. 함께 동호회 활동을 하던 선배 역시 가끔 만나 소주잔을 기울일 때면 초원 너머를 바라보는 황소의 눈망

울이 되어 그때를 회상하곤 한다.

"퇴근 후 너랑 그리스 철학 공부할 때가 가장 좋았어. 지금도 그리워."

잘 떼어지지 않는 스티커처럼 고통이 덕지덕지 붙은 일을 하는 건 달력 없이 망망대해를 건너는 항해와 닮아있다. 매일 같은 풍경을 바라보며 출근을 거듭하는 건 고되고 쓸쓸한 일이다. 그러나 그 과정에서 만난 친구와 노을이 지는 갑판 위에서 가면을 벗고 함께 즐긴다면, 삶이라는 항해는 비로소 일과 놀이의 균형을 찾게 된다.

일터의 시간이 고통스러운 기억으로 남지 않도록 놀이의 추억을 채워 넣을 필요가 있다. 퇴사하거나 은퇴한 뒤에도 경쟁 업체와 평행선을 그리며 협상하던 순간이 아니라, 동료들과 여가 활동을 하며 즐기던 시절의 기억이 먼저 떠오른다면 훨씬 낭만적인 시기로 회사 생활을 추억할 수 있을 것이다.

11. 사내 취미 동호회 만들기

* 동호회 활동은 회사에서 친구를 사귀고 함께 놀 수 있는 좋은 방법이다.
* 사내 동호회는 슬며시, 자발적으로, 업무와 무관한 주제로 만드는 게 핵심이다.
* 동호회 활동 같은 놀이는 일터에서 받은 상처를 치유해 주는 역할을 한다.

무게 중심을 쌓는
공부를 시작한다

내가 공부를 다시 시작한 건 입사하고 7년 정도 지난 뒤였다. 어느 날 문득 이렇게 10년, 20년이 지나면 내게 무엇이 남을까 싶었다. 업무 경험과 노하우가 남겠지만, 그걸 증명할 방법이 있을까? 기껏해야 신입 사원이 낀 술자리에서 무용담 정도를 늘어놓게 될 것이다. 선배들 역시 그랬으니까. 그럴 바엔 차라리 공부로 회사 생활의 마일스톤을 새기는 편이 더 낫겠다는 생각에 이르렀다.

이런 단순한 생각으로 대학원에 진학했다. 전공을 선택할 땐 업무와 직접적으로 연관 있는 분야를 피하고 더 넓게 배울 수 있는 학문을 택했다. 회사 일과 병행해야 하니 개인적으로 관심 있는 분야를 공부해야 의욕이 날 듯했고, 회사에서 충분히 바둥거리고 있으니 순수 학문에 가까운 공부를 해보고 싶었다.

당연한 이야기지만, 여기에는 현실적인 문제도 따랐다. 학비도 학비지만 가장 큰 어려움은 피로감이었다. 퇴근하고 집에 돌아오면 밥 먹는 것조차 귀찮을 때가 많았다. 그때마다 '어쩌랴. 내가 좋아서 선택한 길인 걸' 하고 마음을 다잡고 학교를 향해 무거운 발걸음을 옮겼다. 그렇게 한소끔을 끓여 건져낸 시금치처럼 널브러져 있던 어느 날, 미학 강의 시간에 교수님이 칠판에 이런 질문을 휘갈겨 썼다.

'아름다움이란 무엇인가?'

아름다움? 그렇다. 사람들은 꽃을 보거나 자연을 감상할 때 아름다움을 느낀다. 좋아하는 아이돌 멤버나 영화 〈카사블랑카〉의 잉그리드 버그만을 보면 정서적 만족감을 경험하게 된다. 그런데 그런 모습의 어떤 부분에서 아름답다는 감정을 느끼는 걸까? 균형? 조화? 제아무리 아름다운 것도 사람마다 달리 느끼는 건 어찌 설명해야 할까?

이런 질문들이 꼬리에 꼬리를 물고 이어졌다. 시간이 지나고 산다는 건 매출을 올리고 성과를 인정받는 일이기도 하지만,

발걸음을 멈추고 '아름다움이란 무엇인가?'를 생각하는 일이기도 함을 깨달았다. 계약서를 잘 쓰는 것만큼 응당 아름다움에 대해서도 생각하며 살아야 한다는 성찰에 이르렀다.

덕분에 대학원 과정은 몸은 피곤해도 정서적 휴식 시간에 가까웠고, 열심히 배우고 익히다 보니 어느덧 박사 과정까지 마치게 됐다.

요즘엔 박사학위가 엄청나게 쓸모 있어 보이지 않지만, 집에서 아내와 소소한 분쟁 중엔 제법 유용하다는 점을 발견했다. "아무리 그래도 박사님 말씀이 맞지 않겠어?"라고 약을 올리며 선한 영향력(?)을 행사할 수 있었다. 그 덕분인지 아내도 대학원에 진학했고 졸업 후에도 열심히 논문을 쓰고 있다.

정신적 자산을 쌓는 일

치열한 중고등학교 시절을 보낸 사람이라면 대부분 양장 제본으로 된 두꺼운 수학책 앞에서 한숨짓던 기억이 있다. 당시엔 학교에 가면 이유 없이 매질을 당하곤 했다. 그 같은 학교 교육을 받은 사람이라면 하나같이 공부를 질색하며 멀리하게 된다. 취직한 후엔 '어차피 돈 벌려고 했던 공부, 직장을 구했으니 이제 됐어'라거나 '이제껏 했는데 무얼 또 해?'라며 고개를 젓는다.

한국 교육의 큰 문제 중 하나는 공부의 지속가능성을 앗아간 것이다. 공부는 특정 시기가 아니라 평생 이뤄가야 하는 덕목이기 때문이다. 그렇다면 대학을 졸업하고 취직 후엔 어떤 공부를 해야 할까? 업무 전문성을 강화할 수 있는 공부? 인생 이모작을 위한 취업 공부? 저마다 처한 상황이 다르니 무엇이 좋다고 일률적으로 정의하긴 어렵지만, 어른이 된 이후에는 내면에 무게 중심을 쌓는 공부를 시작해야 한다.

쇼펜하우어, 더 일찍이는 스토아학파와 에피쿠로스학파까지 자신의 외부 세계에 존재하는 것에 의미를 둬선 안 된다고 말한다. 외부 세계에 승진과 명예, 인간관계란 자산을 아무리 열심히 쌓아도 그건 자기 것이 아니며, 일을 그만두는 순간 빼앗기거나 잃을 수 있다. 많은 사람이 퇴직이나 은퇴 후 유독 큰 공허감에 휩싸이게 되는 것도 그 때문이다. 순식간에 사라져버릴 걸 위해 오랜 기간 그토록 열심히 살았나 싶은 후회가 찾아오는 것이다. 하지만 내부 세계에 쌓은 무게 중심은 누구도 뺏을 수 없기에 온전한 자신의 것이 된다.

영화 〈쇼생크 탈출〉에서 주인공 앤디(팀 로빈스 분)는 억울한 누명을 쓰고 직업과 재산, 명예 등 외부 세계에 쌓아둔 걸 모두 잃는다. 감옥에 갇힌 그는 어느 날, 모차르트의 아리아가 담긴 레코드판을 발견한다. 잠시 망설이다 방송실 문을 잠그고 턴테이블 위에 레코드판을 올려놓는다. 일탈 행위에 화가 난 간수는 그를 독방에 가둔다. 며칠이 지나고 독방에서 풀려난 날, 그의 상태를 걱정하는 동료 죄수들을 향해 앤디는 희미한 미소를 지으며 이렇게 말한다.

"순식간이었어요. 모차르트와 함께 있었거든요."

그 말의 의미를 이해하지 못해 의아해하는 죄수들은 간수들이 축음기를 넣어줬냐고 묻는다. 앤디는 '이 안에 있다'라는 듯 자기 머리와 가슴을 가리키며 말을 잇는다.

"그게 음악의 아름다움이죠. 이걸 빼앗아갈 순 없어요."

그는 외부 세계에 쌓은 모든 걸 잃었지만, 내부 세계에 쌓은 음악을 이해하고 사랑하는 능력만큼은 빼앗기지 않았다. 그건 누구도 빼앗을 수 없는 정신적 자산이기 때문이다.

세상은 외부 세계에 쌓아둔 걸 자랑하라고 부추긴다. 외모부터 학벌, 재산, 지위, 인간관계까지 자신이 얼마나 멋진 삶을 살고 있는지 소셜미디어에 뽐내보라고 한다. 이러한 뽐내기는 순위를 매기는 스포츠 경기처럼 변질돼 '좋아요'를 덜 받거나 조회수와 구독자가 적은 사람은 패배감에 휩싸인다.

반면 내부 세계에 쌓은 무게 중심을 토대로 굳건히 서는 사람이 된다는 건 황홀한 일이다. 행복을 내면에서 찾으며 굳이 빛내려 하지 않아도 스스로 빛이 나기에 외부 세계의 왜곡된 거울에 비친 모습에 개의치 않는다.

어른의 공부는 누구도 빼앗지 못할 정신적 자산을 쌓는 과정이다. 그 자산은 누구나 살면서 겪기 마련인 시련과 비판 앞에서 굳건히 일어설 수 있는 버팀목이 된다. 자신이 여전히 소중하고 사랑을 받을만한 가치가 있는 존재임을 증명하는 근거가 되는 것이다.

공부에 최적화된 사람들

직장인은 다섯 가지 이유로 공부를 시작하기에 최적화된 조건을 갖추고 있다.

첫째, 돈벌이를 하기에 학비를 직접 댈 수 있다. 초중고등학교와 대학까지는 대부분 부모님이나 가족이 학비를 대주기 때문에 공부를 더 하는 건 경제적으로 여유가 있는 가정에서나 가능했다. 그러나 취직을 하면 자신이 번 돈으로 공부를 할 수 있어 부모님이나 가족의 눈치를 보지 않아도 된다. '내돈내산'이 아닌 '내돈내공'인 셈이다.

잘 찾아보면 기업이나 정부, 학교의 지원금도 받을 수 있다. 회사에선 육체를 갈아 넣어 돈을 벌고, 학교에선 영혼을 갈아 넣어 장학금을 받는 것도 방법이다. (어차피 먼지가 될 육신, 남김없이 다 갈아 넣어보자.)

둘째, 5년 후, 10년 후엔 자격증이나 학위가 생긴다. 회사에서 5년 후 뭐가 남을지 생각하면 '쩝' 하고 입맛을 다시게 될 뿐이다. 오래 일한다고 해서 근처 맛집에서 사인을 요청하거나 서비스로 부침개를 주는 정도의 명예도 따르지 않는다. 하지만 공부를 계속하면 "과장님, 5년 전엔 뭐 하셨어요?"라는 동료의 질문에 "그땐 칸트 이론에 심취해 아이돌 안무를 미학적 관점에서 연구했지"와 같은 그럴듯한 대답을 할 수 있다.

자격증이나 학위가 생기면 퇴직 후 재취업을 꿈꿀 수도 있다. 직장생활 3년 차에 관광통역안내사 자격증, 5년 차에 석사학위 취득과 같이 경력에 이정표를 남길 수도 있다.

셋째, 자신이 원하는 공부를 할 수 있다. 배우고 싶은 걸 배운다는 자발성은 건강한 학습욕을 고취시킨다. 초중고등학교까지는 사회의 일원으로 살아가는 데 필요한 교육을 받는다. 대학에선 주로 취업을 위한 기본 소양과 전문적으로 연구하는 분야에 대한 교육을 받는다. 이런 교육 체제에서 자신이 원하는 공부를 해본 사람은 많지 않다. 자신이 무얼 배우고 싶은지 모르는 사람도 많다. 이 같은 현실에서 원하는 공부가 무엇인지 숙고하는 것만으로도 자신에 대해 더 잘 알게 된다.

외국어를 배우거나 수영 교실을 다니다 보면 의외로 자신이 배움을 좋아하는 사람임을 발견할 수 있다. 이런 배움은 또 다른 우주의 문을 여는 일이기에 입체적인 삶을 사는 데 도움이 된다.

넷째, 순수한 인간관계를 만들 수 있다. 삼십 대에 들어서면 주변에는 온통 일로 얽힌 사람들뿐이라 인간관계에 지쳤다는 말이 절로 나온다. 그러나 배움의 터전에선 일터에서 쓰던 가면을 잠시 벗어두어도 되기에 편안한 인간관계를 맺는 일이 가능하다. 주변 사람들과 계약서를 쓰는 대신 함께 밥을 먹으며 수영할 때의 물 잡기 방법, 개똥지빠귀와 노랑지빠귀의 차이를 진지하게 이야기할 수 있다. 이 얼마나 사랑스러운가.

마지막으로 배움의 즐거움을 맛볼 수 있다. 인간이 즐거움을 느끼는 순간 중 하나는 놀랍게도 정보를 취득할 때다. 우리가 유튜브나 인터넷 뉴스를 습관적으로 보는 이유도 사실은 정보 습득의 즐거움 때문이다. 진화적으로 다른 개체보다 더 많은 정보를 취득할 때 생존에 유리했다는 점에서 우리는 배우는 데 즐거움을 느끼도록 설계돼 있다.

아직 시작하지 못하고 있다면 그저 즐거움을 위해 공부에 도전해 보자. 예를 들어 권투를 배우면 프로 선수들의 발놀림이나 펀치 콤비네이션이 보여 훨씬 더 즐겁게 경기를 즐길 수 있다. 공부는 이처럼 더 큰 즐거움을 느끼게 해준다.

12. 좋아하는 공부 시작하기

* 공부의 최적기는 직장인이 되고 나서부터다.

* 외부 세계가 아니라 자기 안에 쌓는 공부를 하자.

* 태어나 처음으로 자신이 좋아하는 공부를 시작하자.

다양한 우주의
여러 거울에
나를 비춰본다

자신을 사랑하고 존중하는 힘을 뜻하는 자존감 키우기가 화두다. 갈수록 팍팍해지고 적대적으로 변하는 세상에서 자존감으로 무장하면 외부의 날 선 가시에 찔려도 금세 회복할 수 있다. 그런데 자신을 가치 있고 긍정적인 존재로 여기는 마음인 자존감은 노력으로 높일 수 있는 걸까?

자기계발이나 심리학 서적에선 자존감을 키우는 방법으로 두 가지를 추천한다. 하나는 작은 것부터 단계적으로 성취하며 스스로 쓸모 있다는 효능감을 높이는 것이고, 다른 하나는 욕망의 그릇을 관리하며 좋아하는 일에 몰입하는 것이다.

이는 훌륭한 지침이지만 꾸준히 실천하기란 쉽지 않다. 자신이 과연 자존감이 높아졌는지, 일상에서 맞닥뜨리는 구체적 상황에서 어떻게 하는 게 자존감 있는 행동인지 판단하기 어렵다는 문제도 있다. 자존감이란 자만심과 열등감, 자존심과도 잇닿아 있기 때문이다.

"보고서에 중요한 수치가 빠져 있잖아요. 다시, 아니 그냥 줘요. 내가 정리할게요."

상사로부터 이런 말을 듣는다면, 자존감이 높은 사람은 어떻게 반응할까? 죄송하다고 할까, 다시 해온다고 할까, 시간이 부족했다고 할까? 아니면 사람이 실수할 수도 있는데 너무 심한 거 아니냐고 따질까? 일상의 구체적 상황으로 들어가면 자존감을 지키는 행동이 무엇인지 판단하는 것부터 어렵다.

대체 사회생활에 꼭 필요한 자존감이란 무엇이며, 어떻게 해야 높일 수 있을까?

거울에 비친 모습으로 평가되는 나

인도 철학의 사상적 뿌리가 된 경전 『우파니샤드』는 '외면의 나'와 '내면의 나'가 구분돼 있다고 말하며, 둘로 나뉜 자아를 같은 나무에 깃든 두 마리 새에 비유한다. '외면의 나'란 새는 욕망에 이끌려 열매를 찾아다니기에 바쁜 반면, '내면의 나'란 새는 나무에 앉아 열매를 찾아 분주히 오가는 새를 가만히 바라보는 데 집중한다. 열매를 탐닉하는 새는 현실을 사는 자아인 반면 관조하는 새는 참된 자아(아트만)란 설명이다.

자아를 둘 이상으로 나눠 진짜 나를 탐구하는 방식은 종교만의 전통이 아니다. 철학과 정신분석학, 심리학, 뇌과학 등의 학문 역시 자아를 나누어 살피는데, 이런 관점을 들여다보면 놀라운 사실을 발견하게 된다. 우리는 자신을 사랑하기로 결심하면 모든 문제가 해결되는 것으로 착각하지만, 실제로는 자기 안의 또 다른 자아가 객관적인 자기 모습을 평가하고 있다는 점이다. 이런 이유로 사람들은 거울에 비친 자신을 보면서 못난 건 못난 것이고 흉한 건 흉한 것으로 생각하며 살아가기 마련이다.

이쯤에서 잠시 생각을 멈추고 관점을 바꾸어볼 필요가 있다. 자존감이 낮은 이유가 거울에 비친 자신의 모습이 사랑스럽지 않기 때문이라면, 싫은 자신을 뜯어고치기에 앞서 거울이 멀쩡한지를 먼저 살피는 게 순서가 아닐까? 사람은 환경의 영향을 받는 존재다. 아무리 자존감이 높은 사람도 이유 없이 욕을 먹다 보면 주눅이 들고 무너지기 마련이다. 자신을 비추는 거울이 오목 거울, 혹은 볼록 거울이라면 몸은 왜곡된 형태로 보일 수밖에 없다.

성과라는 뚜렷한 목적에 따라 설계된 독특한 질서와 판단 기준이 적용되는 회사에서는 특히 자존감과 자아가 쉽게 훼손될 가능성이 크다. 그에 부합하지 못하면 인격이 훌륭한 사람도 쓸모없거나 부족한 모습으로 거울에 비칠 수 있다.

회사에서 적용하는 기준은 인격자를 고르는 기준과는 달라, 자신이 좋은 사람임을 깨닫지 못하고 훼손된 자기 모습에 자존감을 잃는 사람이 많다. 일시적인 우울감이나 분노, 패배감이라면 그나마 다행이지만, 이런 감정이 자아에 들러붙어 '이곳에서 인정을 받아야 쓸모 있는 사람'이란 확신에 휩싸이거나, 회사에서의 승진과 성취가 삶의 전부인 인간으로 전락한다면 그야말로 불행한 일이다.

입체적으로 살아가는 법

자존감을 키우는 데 '멀티 유니버스'의 관점이 해결책이 될 수 있다. 이는 회사란 단일 우주의 압도적인 중력을 다중 우주 공간으로 분산되도록 유도하는 방법이다. 다양한 우주를 탐험하며 회사라는 하나의 거울 대신 여러 개의 거울을 통해 입체적으로 자신을 바라볼 수 있어야 한다. 직업의 우주부터 취미의 우주, 자격증의 우주, 종교나 봉사활동의 우주까지 어떤 것이든 좋다.

회사에서 존중받지 못한다거나 명예가 부족하다고 느끼는 사람이라면 누군가를 가르치는 일이나 주차 봉사를 해본다. 수업을 준비하고 타인에게 도움이 되려고 노력하는 과정에서 '참고마운 사람'이나 '꼭 필요한 사람'이 될 수 있다. 무언가를 배우는 것도 조금씩 실력이 느는 과정에서 발전의 기쁨과 성취를 맛볼 수 있는 좋은 방법이다.

자기 효능감이 부족한 사람이라면 글을 쓰거나 레고를 조립하거나 유튜브 콘텐츠를 만드는 일 같은 창의적 우주에 참여해본다. 완성된 작품이 탄생하는 작업을 시도한다면 끝나지 않는 업무만 존재하던 회사라는 우주에서 벗어날 수 있다. 안정적인 삶을 위해 가족이란 우주를 가꾸는 일도 소중하다. 좋은 아빠 엄마, 좋은 딸 아들로서 존재하는 우주는 자존감이 떨어질 때마다 지지와 힘이 되어줄 것이다.

회사가 삶의 모든 것으로 그려지며 자신의 유일한 우주이자 거울이 되는 건 바람직하지 않다. 단일 우주에만 존재하는 사람은 그 우주가 끝남과 동시에 자신도 사라진다. 그런 사람은 명함에 새긴 직함이 삶의 전부였기에 다른 우주에 존재하는 법을 모른다.

나는 퇴근 후에 서재에 놓인 작은 테이블에 앉아 창밖을 바라보며 메모지를 꺼내 지나온 우주를 명함처럼 적어보곤 한다.

직장과 학교, 소모임 등 내가 몸담은 단체뿐 아니라 아빠와 남편, 친구, 작가, 블로거, 가이드, 강사, 통역사, 수영 애호가, 주식 투자자 등 그간 해온 역할을 빠짐없이 적어본다. 개별 우주에 사는 사람들을 떠올리며 여러 개의 거울에 내 모습을 비추면서 작게 속삭인다.

'왼쪽보단 오른쪽 거울에 비친 모습이 낫네.'

자존감 키우기는 근력을 강화하듯 중량을 높여가는 훈련 과정이 아니라 여러 거울에 자신을 비춰보며 관점을 바꾸는 행위에 가깝다. 이를 반복하다 보면 열매를 찾아 바쁘게 움직이던 외면의 새도 어느덧 다가와 날개를 접고 쉰다. 나는 가만히 새를 안아준다.

To-do List

13. 다양한 거울로 자신 비추기

* 자존감을 키우기 위해서는 자신을 입체적으로 바라보는 일이 먼저다.
* 단일한 우주인 회사 내의 평가에 매몰되지 말고 다양한 세계를 경험해 보자.
* 회사의 직함 외에 자신을 표현할 수 있는 것들을 명함처럼 적어 보자.

악인으로 가득한 세상에서
착하게 산다는 것

중국 고전인 사마천의 『사기』에는 '열전'이라는 제목으로 여러 인간 군상이 등장한다. 예를 들어 '자객 열전'에는 형가란 협객이 연나라 태자를 대신하여 진시황을 제거하고자 하는 과정이 흥미진진하게 펼쳐진다.

나는 이 대목을 읽으면서 '악인 열전'이라는 제목의 캐릭터 소설이 나오면 재밌겠다고 생각했다. 그 아이디어를 변형하여 회사 안에 존재하는 악인의 유형을 '열전' 스타일로 이야기해 볼까 한다.

악인 열전

／

먼저 앞뒤가 꽉 막힌 꼰대나 지나치게 무례해서 주변 사람을 화나게 하는 악당은 논의에서 제외하고자 한다. 이들은 소극적인 악당이라 할 수 있는 데 비해 우리가 주목해야 할 대상은 적극적인 악당이기 때문이다. 구체적으로 살펴보면 사시나무형, NPC(Non-Player Character, 게임에서 플레이어가 조작하지 않는 캐릭터)형, 빌런형으로 나눌 수 있다.

사시나무형은 시도 때도 없이 사시나무 떨듯 몸을 떠는 특징이 있다. 작은 일에도 화가 나서 몸을 떨고, 조직으로부터 인정을 받으면 기분이 좋아서 몸을 떤다.

이들이 몸을 떠는 건 우월함을 확인받고자 하는 인정 욕구에 기인한다. 그 때문에 부하직원이나 후배에 대한 관용이 없고 사소한 실수에도 필요 이상으로 과도하게 반응한다. 이런 과도함은 과장된 행동으로 이어져 자신이 잘 보여야 할 상황에선 미친 듯 웃어대거나 갑자기 친한 척을 하는 등 기이한 행동으로 주변을 놀라게 한다.

이들은 일상에서 보이는 우스꽝스러운 모습과는 달리 회사에선 능력 있는 인재로 대우받기도 하고, 제법 높은 자리에 오르기도 한다. 인정 욕구에 기인한 걱정과 공포, 스트레스로 자신을 공격하는 성향이 강해 다른 악인에 비해 소화 기능이 약할 뿐 아니라 전반적으로 건강이 안 좋다.

NPC형은 게임 속에서 임무를 부여하고 진행을 돕는, 이른바 비플레이어 캐릭터와 닮아있다. 성격 유형에 따라 '노골형'부터 '뒤통수형'까지 다양하지만, 하품이 나올 만큼 예측 가능하고 틀에 박힌 사고의 소유자가 대부분이다.

이들은 표면적으로 평범하고 무해해 보이지만, 실상은 남의 손에 쥔 빵을 뺏고자 하는 이기심이 내면에 단단히 자리한다. 자신의 행위가 어떤 해악을 초래할지에 대한 상상력이 부족하고 자기기만에 능하다. 부도덕한 일을 저지르고서도 "그땐 어쩔 수 없었다"라며 은근슬쩍 나타나 다시 조직의 앞자리를 차지하곤 한다. 다른 악당에 비해 악함이 노골적으로 드러나지 않기에 역설적으로 가장 많은 피해를 주는 유형이기도 하다. 주변에 하소연해도 "그 사람 괜찮던데 왜?"라는 답변이 돌아오기 십상이다.

이들과 대화하다 보면 정지 궤도를 도는 기상 위성처럼 제자리를 맴도는 듯하다. 이는 의도된 화법이라기보다 그들이 이기적인 삶을 살아온 탓에 제대로 된 소통을 배울 기회를 놓쳤기 때문이다.

마지막으로 빌런형은 소시오패스처럼 적극적으로 악행을 저지르는 부류다. 사시나무형과 NPC형의 경우 주변의 평판에 신경 쓰는 데 비해 이들은 자신의 이익을 위해서라면 타인의 감정과 평판은 전혀 개의치 않는다.

이들은 목표 달성을 위해 수단 방법을 가리지 않고 감정에도 휘둘리지 않다 보니 높은 성과를 내는 인물처럼 보인다. 특히 능력주의를 숭상하는 사회에선 이런 사람들이 더 많은 보상을 받기에 성공 가도를 달리는 결과로 이어질 때가 많다. 과거라면 인격장애 치료를 받거나 건강한 사회를 위해 쫓겨났을 법한 이들이 승자와 패자로 나뉘는 사회에선 귀한 대우를 받는 셈이다.

샌디에이고대학의 사이먼 크룸(Simon Croom) 교수는《포천》에 기고한 글에서 이런 왜곡된 능력의 미화를 경고하며, 이들이 궁극적으로 조직과 사회에 해악을 끼칠 수 있는 만큼 심각한 경제적 위험 요소로 다뤄야 한다고 주장한다.

악인들의 속사정

혹자는 인간을 자원화한 능력주의 사회이자 승자와 패자로만 갈리는 한국 사회에선 악인들이 유리하다고 생각할 수 있다. 그런데 악인처럼 살지 말지를 결정하기에 앞서 그들의 삶이 어떤지부터 가늠해 봐야 객관적인 선택을 할 수 있다.

본의 아니게 알게 된 그들의 가정생활을 보면, 배우자·부모·자녀와의 관계가 극도로 나쁜 경우가 많았다. 악인들은 소통이나 인간관계에 대한 이해가 부족해 가족이나 친구와의 관계에서도 실패에 봉착하는 사례가 잦다. 마음을 털어놓을 가까운 사람이나 정서적 지지자가 없다 보니 이익의 네트워크로 보상받으려 한다. 대화 중에 어떤 이름이 거론되면 마치 오랜 이웃처럼, "그 양반이 무슨 대학을 나와서 어떤 자리를 했고…" 등 신상 명세를 줄줄이 읊어댄다.

이들은 전화와 카톡은 수시로 오지만 대개 서로를 이용하려는 연락뿐이다. 이런 정서적 관계의 빈곤은 그들을 자신의 존재 가치를 인정받을 수 있는 유일하고 단일한 우주인 회사나 업무에 더욱 몰입하게 만든다.

무엇보다 악인으로 살 때 가장 큰 어려움은 끼리끼리 어울리게 된다는 점이다. 모두에게 공평하게 피해를 주는 악인의 특성상 상대적으로 힘이 약한 악인은 힘센 빌런 곁에 있다가 엉뚱하게 피해를 보는 경우가 잦다.

한번은 지위가 높은 악인 A가 농담을 가장해 악인 B를 집요하게 괴롭히는 광경을 목격했다. 그런 상황을 계기로 작은 악인이 큰 악인으로 각성하게 되는구나 하는 생각이 들 정도였다. A를 만나 B에게 너무 심했던 것 같다고 말하자, "그게 어때서?"라며 의아한 표정을 지었다. 공감 능력을 상실한 사람의 표정이 어떤지 그때 알게 됐다.

경제학자이자 사회학자인 제러미 리프킨은 『공감의 시대』에서 타인의 입장과 아픔을 공감하는 능력이 문명 진화의 동력이자 인간다움의 특징이라 규정한다. 태어나자마자 벌떡 일어서는 송아지나 망아지와는 달리, 사람은 타인의 도움이 없으면 살아갈 수 없을 만큼 연약한 존재로 태어난다. 사람은 살아가면서도 시시때때로 나약해지는데, 그때 도움의 손길이 없으면 제대로 성장하기 어렵다.

그런 면에서 인간의 삶은 승자와 패자를 가리는 게임 이전에 거대한 도움의 연대이자 공동체로 볼 수 있다. 이런 단순한 이치를 깨닫지 못하는 사람을 두고 요즘엔 공감 능력 대신 공감 지능이 부족하다고 표현하기도 한다. 악인들을 마주하다 보면 어떤 면에서 이런 표현이 이해될 때도 있다.

친절이 세상을 구한다

악인의 대응법은 단순하다. 일단 멀리하는 것이다. 물리적 거리를 두기 어렵다면 마음의 거리라도 둬야 한다. 굳이 그들을 이해하려 노력할 필요도 없다. 그들은 반성 같은 비판적 성찰 기능이 결여되어 상대의 이해를 자기 합리화의 땔감으로 사용하기 때문이다. 자신이 악인인지 아닌지를 의심해 보는 자기반성은 몹시 괴로운 일이기에, 본능적으로 고통을 피해 자기 합리화를 하는 것이다. 그런 그들에게 이해의 여지를 주는 건 악을 키우는 일인지 모른다.

악인은 자신과 거리 두는 사람을 알아보고 회유에 나서며 이 방법이 먹히지 않으면 압박도 불사한다. 그들은 일견 대단한 힘을 가진 존재처럼 보이지만, 대부분 자리가 만든 환영에 불과하므로 인간 대 인간으로 대응해야 한다. 그들의 유일한 우주가 사라지고 가면을 벗을 때쯤엔 아무것도 남아있지 않다는 점을 떠올리며 용기있게 맞서야 한다.

악인에 대한 걱정은 이쯤에서 접고 그들처럼 살지 않기로 한 우리는 무엇을 해야 할까? 악인 유형을 정리하면서 몇몇 사람의 얼굴이 떠올랐을 수 있지만, 우리가 할 일은 거울에 자신을 비춰보는 것이다. '악인 열전'에서 냉소적으로 비웃던 악인이 혹시 자신은 아닌지를 돌아봐야 한다. 좀 전까지 "맞아, 맞아, 그런 사람 있었지!"라고 떠올리던 인물에 자신을 투영하는 행위는 고통스럽기 짝이 없다. 타인에게 악인처럼 행동한 건 아닌지 매 순간 곱씹어보는 것도 괴로운 일이다. 이것이 바로 좋은 사람이 되기 힘든 이유다.

"매 순간 반성하고 성찰하는 건 좋지만, 바쁜 세상에서 그렇게 살긴 어려운 것 아닌가요?"

물론 쉬운 방법도 있다. 친절이다. 친절은 자기를 채찍질하며 반성하는 노력 없이도 세상과 자신을 구할 수 있다. 대화에서 소외돼 머뭇거리는 신입 사원에게 따뜻한 말 한마디 건네기, 주변 동료에게 힘든 일은 없는지 물어보거나 먼저 웃으며 말 건네기…. 이런 일들은 자신에겐 사소한 일이지만 다른 이에겐 큰 힘이 돼주니 이보다 남는 장사가 있을까?

우리는 살면서 어쩔 수 없이 악인을 마주하게 된다. 소시오패스와 악인으로 가득한 세상이 두려워지거나, 그들처럼 사는 게 현명한 처사인 것처럼 느껴질 때도 있다. 그러나 세상이 악인으로 가득하게 될까 봐 걱정할 필요는 없다.

칸트의 도덕적 상상력은 모두가 거짓말을 하거나 악행을 저지르는 사회와 집단은 결코 지속될 수 없다는 교훈을 준다. 악인으로 가득한 세상은 논리적으로 존재할 수 없다. 무엇보다 인류의 역사는 꾸준히 증가하는 악인의 비율을 조정하여 균형을 회복하는 에너지가 사회에 내재돼 있음을 보여준다.

지하철 선로에 떨어진 사람을 구하기 위해 몸을 던진 의인, 돈이 아니라 생명을 구하기 위해 노력하는 의사, 보복 앞에 굴하지 않고 양심선언을 하는 사람은 우리 주위에 많다. 회사에도 좋은 동료와 훌륭한 상사는 여전히 있다. 살아가는 용기가 사라질 때마다 친절한 사람과 반성하는 우리는 언제나 다수였다는 사실을 기억하자.

14. 친절한 사람 되기

* 악인의 우스꽝스러운 모습을 기억하고 자신을 돌아보자.
* 자신과 세상을 바꾸는 가장 강력하고 쉬운 기술이 친절임을 기억
  하자.
* 세상은 여전히 좋은 사람으로 가득하다고 믿고 힘을 내자.

물러나야 할 때와
맞서 싸워야 할 때

　직장 생활을 하면서 습득한 가장 유용한 기술 중 하나가 저항의 기술, 더 거칠게 말하면 '노'라고 외치며 화내는 기술이다. 회사는 많은 사람이 모여 일하기에 늘 갈등이 있다. 특히 막무가내식으로 밀어붙여지는 업무의 경우 위계질서에 따라 조직적 압력이 가해지는 터라 그 강도가 세고, 노라고 외치며 저항이라도 하면 곤란한 상황이 벌어진다.

　사내 네트워크가 많고 윗사람들과 친분을 다져놓은 상사와의 갈등은 설령 자신의 판단이 옳고 윤리적일지라도 평판 문제로 이어지게 되거나 인사 조치를 당할 수 있다. 이런 이유로 대개는 "다 그런 거지 뭐"라고 얼버무리고 넘어가거나, 향후 발생할 문제에 대비해 빠져나갈 증빙을 마련해 놓는 선에서 그친다. 그 결과 회사엔 위에서 시키는 대로 행동하는 사람만이 넘쳐나게 된다.

악은 평범함에 기생하여 자란다

2차 세계대전 당시 수많은 민간인을 가스실로 수송하는 책임을 맡은 독일 나치의 전범 아돌프 아이히만은 훗날 재판정에서 군인으로서 그저 명령에 따랐을 뿐이라고 자신을 변호했다. 그는 많은 사람을 죽음으로 몰아넣고도 전혀 양심의 가책을 느끼지 않는 듯 행동했다. 철학자 한나 아렌트는 이를 '악의 평범성'이라 이름 붙였다. 악은 영화처럼 거창한 모습을 하기보다 자기 자리에서 시키는 대로 명령에 순응하는 평범한 사람들의 등 뒤에서 이빨을 드러낸다는 것이다.

스스로 사고하지 않고 상상력 없이 일하는 건 악마에게 영혼을 맡기는 행위나 다름없다. 예컨대 기업이 심각한 결함이 있음을 인지하고도 제품을 판매하여 수많은 피해자가 발생한 과정을 살펴보자. 이를 바로잡을 기회는 실험부터 개발, 인증, 생산, 판매, 마케팅, 애프터서비스까지 제품 생산의 전 과정에 걸쳐 있었다. 누구 하나 노라고 외치며 저항하지 않았기에 악이 꽃을 활짝 피워 무고한 사람에게 피해를 주는 결과로 이어진 것이다.

사람들은 왜 평범한 악의 편에 서는 걸까? 칸트의 말처럼 윤리적 삶은 행복과는 아무런 관련이 없기 때문이다. 도리어 윤리란 오로지 고통을 통해서만 다가가고 실천할 수 있다. 윤리가 고통뿐이고 행복과 무관한 것이라면, 많은 사람이 회사의 부당하고 비윤리적 명령에 저항하기보다 위에서 시키는 대로 행동하며 눈을 감아버리는 건 당연한 결과일 수 있다.

이처럼 기업이 위험한 제품을 만들어 부패한 윗사람 지시에 따라 판매하며 법적인 문제가 생기면 돈으로 은폐하고 책임자는 미꾸라지처럼 빠져나가는 사회의 미래는 어떨까. 이런 사회에선 누구도 믿지 못하게 되고 사기꾼과 불량품이 넘쳐나며 언젠가 자신도 피해자가 될 게 자명하다. 윤리적 실천은 결국 자신을 포함한 모두가 안전하게 살아가며 행복을 찾는 데 필수적 요소다.

하지만 우리가 과연 회사의 부당한 압력에 맞서 저항할 수 있을까? 어느 선까지 노라고 말할 수 있을까?

부당한 압력에 저항하는 법

대학에서 영상물 기획을 주제로 특강을 할 때였다. 올바른 방향을 발견하고도 부당한 압력에 시달리다 결국 굴복해 버린 기획자의 에피소드를 들려줬다. 위에서 시키는 대로 '예스'를 거듭하다 보니 최종 결과물은 형편없게 됐고 사람들에게 외면당했다는 이야기였다.

"기획자라면 양심상 저항해야 할 때는 저항하고 맞서 싸워야 할 때는 싸울 수 있어야 합니다."

멋진 말로 강의를 끝마치려 하는데 한 학생이 손을 들었다.

"선생님. 그런데 어느 선에서 타협하고 언제까지 싸워야 하나요? 그걸 어떻게 알 수 있습니까?"

나는 내심 기뻐하면서 아리스토텔레스의 중용 개념에 대한 설명으로 답변을 대신했다. 아리스토텔레스는 도덕과 윤리를 아는 것만으론 충분하지 않다고 생각했다. 그에게 윤리란 곧 실천이며, 중용 역시 단순한 이론이 아니라 실천을 위한 방법이었다.

예를 들어 우연히 사자를 만난 경우를 상상해 보자. 그리스 신화 속 영웅 아킬레우스라면, 창을 들고 나가 맞서 싸워 사자를 제압하는 게 중용에 가까운 해법일 것이다. 숙련된 조련사라면, 사자가 배가 고픈 것인지 아니면 새끼 사자를 보호하려는 것인지 상황을 파악하고 대응하는 일이 중용의 덕을 발휘하는 것이다. 일반인이라면, 등을 보인 채 도망가고 싶은 두려움을 떨치고 사자와 눈을 마주친 채 천천히 뒷걸음질하는 게 중용일 수 있다. 이처럼 중용은 자기 능력과 상황에 맞는 최선의 실천법에 가깝다.

조직에서 부당한 압력에 시달린다면, 일단 윤리적 상상력을 발휘해 이 싸움이 필요한 이유를 자신에게 설명해야 한다. 그런 다음 적극적으로 노라고 외치든, 소극적으로 싫은 내색을 하든 저항을 하는 게 중요하다. 스스로 느끼기에 저항이 너무 강했다면 강도를 낮추고, 견딜 만했다면 강도를 높임으로써 자신만의 중용을 찾아야 한다.

용기는 빚어진다

용기를 내 조직의 부당한 압력에 저항하는 건 자신의 그릇 크기를 키워가는 순환 과정이다. 처음엔 상대가 알아보기 어려울 만큼 미미한 저항이라도 좋다. 어쨌거나 압력에 꿈틀했다는 것 자체로 우리는 용기 있는 사람이 됐다. 그 과정에서 싸움을 벌일 경기장의 규모도 파악할 수 있었다. 그렇게 한번 저항해 본 사람은 회사가 부당한 압력을 가할 때마다 자신의 그릇 크기를 확인하고 키워나갈 수 있다. 그 과정에서 자기보다 먼저 노라고 외친 사람을 접하게 되면서 제 그릇을 키우려 애쓰는 사람이 결코 혼자가 아님을 깨닫게 된다.

윤리적 저항은 일견 외로운 싸움처럼 보이지만, 사실 사회는 양심 있는 다수의 상상력으로 유지돼 왔다. 평범한 악이 있듯, 평범한 선이 더 크고 넓게 그물망을 펼치고 우리를 지탱하고 있다. 개인으로서 우리는 질그릇을 만드는 점토처럼 무르다. 회사라 불리는 사회적 압력은 물레를 돌려 자기 필요에 따라 우리를 성형하려 든다. 작은 간장 종지로 만들었다가 필요 없어지면 한쪽 구석에 내동댕이친다.

우리가 틀에 맞춰 만들어지는 양산형 그릇이라면 그렇게 버려질 수 있고 깨질 수 있다. 하지만 순환하는 실천 윤리를 깨달은 사람은 부드러운 내면의 점토로 '자신'이라는 그릇을 스스로 빚어낸다. 이미 굳어져 깨질 날만 기다리는 그릇이 아니라 압력이 가해지는 순간마다 그릇을 키울 기회로 삼아 자기를 빚어 나간다. 그렇게 고통을 감내하고 상상력을 발휘하여 압력에 저항하는 과정을 거쳐 빚어지는 존재는 스스로 빚기를 포기하지 않는 한 누구도 깨트릴 수 없다.

15. 잘못된 건 잘못됐다고 말하기

* 상부의 지시가 부당하다고 생각되면 아주 작은 저항이라도 실천해 보자.

* 상황에 따라 적절한 방식과 강도를 고민하며 반복적으로 저항하자.

* 평범한 악이 있듯, 평범한 선의 네트워크가 있음을 믿자.

일의 고통을 덜어주는
효과 빠른 진통제

나이 들수록 말을 아껴야겠다는 생각이 든다. 딴에는 정성스럽게 접어 건넨 조언이지만, 언제든 거리에 뿌려지는 전단으로 전락할 수 있다. 앞에서 받고 돌아서서 휴지통을 찾는 상황을 상상하면 식은땀이 흐른다.

유명인이 일에 대해 건네는 조언을 접할 때면 이런 생각이 더욱 확고해진다. 그들이 하고자 하는 말은 언제나 단순하다.

"인생은 짧고 시간은 흐릅니다. 더 늦기 전에 하고 싶은 일을 하면서 사세요!"

이런 조언은 말하는 이의 좋은 의도와는 달리 듣는 이에게 상처가 될 수 있다. 인생이 짧은 것도, 하고 싶은 일을 하면서 살아야 하는 것도 모두 옳은 말이다. 그런데 대다수 사람에게 돈을 벌 수 있는 일과 자신이 하고 싶은 일은 언제나 괴리가 있다.

무엇보다 노동의 대가로 돈을 지급받는 직업은 힘들고 고통스럽다. 사회인으로 자립하고 가족을 위해 돈을 버는 일이 자신이 하고 싶은 일과 일치하는 사람은 확률적으로 극히 드물다. 이는 경제적으로 여유가 있거나 운 좋게 돈과 명예, 권력이 따르는 직업을 갖고 있을 때 가능한 일이다. 유명인이 달콤한 조언을 자주 하는 이유도 그 때문일 것이다.

돈을 버는 평범한 노동의 현장은 사회적으로 꼭 필요하다. 모두가 꿈을 좇아 마냥 좋아 보이는 직업으로 떠난다면 사회는 어떻게 될까? 시민의 안전을 위해 밤새 도시를 지키는 경찰관과 의료진, 더운 날 도로포장을 하는 노동자, 주말에 잠든 가족을 지켜보며 훈련지로 떠나는 군인. 이런 노동이 없다면 사회는 단 하루도 존립할 수 없다.

현대 사회를 살아가는 우리에게 필요한 건 하고 싶은 일을 하면서 살라는 조언보다 사회적으로 꼭 필요한 노동을 덜 고통스럽게 하는 방법을 찾는 일이다.

통증 발생의 원인

매일 아침 휴대전화 알람을 끄고 출근하는 순간부터 삶은 고통스럽다. 프란츠 카프카의 소설 『심판』 속 주인공 K처럼 우리는 영문도 모른 채 기소당한 듯하다. K가 느끼는 답답함처럼 우리의 고통 또한 그 뿌리를 알기 어렵다. '일이 적성에 맞지 않아서 고통스러운 걸까? 회사에서 인간관계가 매끄럽지 못해서 문제인 걸까? 월급이 부족해 만족감이 떨어지는 걸까?' 통증이 발생하는 원인을 찾아보지만 고통의 선명한 감각만 남을 뿐이다. 과감하게 이직을 결심하거나 퇴직에 나서려 해도 상황이 여의찮다.

"도대체 이 고통은 어디에서 오는 걸까?"

우리는 환경에서 비롯된 물리적 고통을 문제로 지목하고 원인을 찾는다. 그러나 나치 수용소를 경험한 정신과 의사이자 『죽음의 수용소에서』의 저자 빅터 프랭클의 판단은 달랐다. 고통 자체는 인간을 절대적 절망에 이르게 할 만큼 힘이 세지 않았다. 정말 위험한 순간은 그 고통이 어떤 의미도 갖지 않을 때였다. 카프카의 소설 속 K가 죽음을 맞이한 것도 자신이 형벌처럼 받는 고통의 의미를 끝내 찾을 수 없었기 때문이다.

현실의 우리도 마찬가지다. 회사라는 육체적·정신적 수용소에 갇힌 듯한 우리가 해야 할 일은 고통의 원인 분석이 아니라 지금의 고통이 무엇을 위한 것인지 그 의미를 부여하는 일이다.

'버거운 업무, 인간관계의 고통은 내가 세상과 사람을 더 잘 이해할 수 있게 해줬지! 나만의 꿈을 이루는 데 필요한 고통이었어!'

이처럼 나름의 의미를 부여하는 순간 고통은 단순한 통증이 아니라 성장의 계기가 된다. 일을 이용한 개인적인 목표 달성이라는 의미 부여는 열정을 불러일으키는 불쏘시개가 된다.

그러나 영양제를 먹고 턱걸이를 한다고 곧바로 건강해지는 게 아니듯, 고통을 유익한 무언가로 바꾸기 위해선 시간이 필요하다. 고통에 의미를 부여하는 것과 함께 지금의 고통을 덜어줄 페인킬러(Painkiller), 즉 진통제도 준비해 두어야 한다.

일의 고통을 덜어주는 세 가지 진통제

병의 통증을 느끼지 못하게 하는 진통제가 해열제·소염제 등으로 구분되듯, 일의 고통을 덜어주는 진통제도 원인과 강도에 따라 복용해야 할 약이 다르다. 참고로 앞으로 소개할 약은 부작용과 내성이 전혀 없는 천연 성분으로 만들어져 과다 복용해도 문제가 되지 않는다.

가장 먼저 경제 보상형 진통제는 돈을 벌기 위해 일한다는 점에 착안해 돈의 가치와 개념을 이용해 고통을 잊는 방법이다.

* 일당 환산하기: 일의 고통을 일당으로 환산해 보자. 예를 들어 세전 월급이 3백만 원일 경우, 휴가나 휴일을 제하고 실제 근로일수인 대략 20일로 나누면 일당이 15만 원이란 계산이 나온다. '오늘도 15만 원을 벌어오자'라고 일당으로 환산하는 순간, '집에 있느니 출근해서 돈 버는 게 낫지'란 생각이 든다. 혹은 '오늘 감내할 고통은 기껏해야 15만 원이다!'라고 생각을 전환하면 업무의 무게가 퇴색돼 고통이 경감되기도 한다.

* 선물 교환하기: 가장 전통적이고 효과 좋은 진통제 중 하나다. 예전에 부모님이 퇴근할 때 과자와 통닭을 사 오시던 데서 착안한 방식이다. 당시 아버지 어머니는 자녀의 환한 웃음을 보면서 '오늘 힘들었던 건 이런 기쁨을 위해서였구나!'라고 고통을 감내한 이유를 찾아냈다.

나 역시 종종 이 기술을 쓰곤 한다. 일이 고달플 땐 폭탄 세일을 하는 근처 할인 매장에서 아내가 좋아할 만한 옷이나 가방을 산다. 아내는 처음엔 "웬 선물이야!" 하면서 좋아하고, 두 번째는 "그렇게 싸게 샀어?"라며 좋아한다. 이런 소소한 행복을 얻을 수 있다면 다소 고달프더라도 돈을 버는 일은 나쁘지 않다고 생각하게 된다.

자신을 위한 선물을 사는 것도 방법이지만, 나이 들수록 갖고 싶은 게 없어진다. 그럴 땐 아무 날도 아닌데 주변 사람에게 선물을 하는 것도 좋은 방법이다. 뜻밖의 선물일수록 상대가 감동하니 그만큼 효과도 크다. 이 진통제의 효험을 이미 알고 있던 친구는 얼마 전 뜬금없이 내게 음식물 처리기를 선물했다. "써보니 정말 좋더라. 음식물 쓰레기를 버리는 스트레스가 줄었어"라고 말했더니, 친구는 "그렇지? 하하. 그럴 줄 알았어"라며 크게 기뻐했다.

다음으로 신체 케어형 진통제는 우울감이 주로 수면과 야외 활동 부족에서 온다는 데서 착안한 방법이다. 이 진통제의 경우 의무처럼 여겨지면 금세 하기 싫어지므로 번거로운 활동이 아니란 식으로 자신을 속이는 기술이 필요하다.

＊명상하기: 불교에선 '오온이 공하다'라며 우리 존재를 이루는 요소는 우주적 흐름의 네트워크에 속해 매 순간 결정되기에 고정된 실체 따위는 없다고 말한다. 미국에 대한 정보가 있다고 미국을 안다고 하기 어렵듯, 이런 깨달음을 아는 것만으론 부족하고 '사마타'와 '위빠사나' 같은 명상 수행으로 직접 느껴야 참된 앎에 이를 수 있다.

명상은 원래 앉거나 걸으면서 하는 게 일반적이지만, 우리는 명상을 가장한 수면이 목표이기에 편하게 누워 유튜브 영상에서 흘러나온 지시에 따라 들숨과 날숨에 집중한다. 눈을 떴을 땐 다음 날 아침이 밝아있을 것이다. 운이 좋다면 명상이나 불교 철학에 관심이 생겨 집착을 끊고 깨달음에 이를 수도 있으니 부수적인 효과치고는 꽤 크다고 볼 수 있다.

* 산책하기: 점심시간에 잠깐 눈을 붙여도 좋지만, 날씨가 좋다면 주변을 걸어보자. 미혼이라면 평소 호감이 있던 이성과 함께 걸으면 효과가 배가된다. 산책할 때는 좋아하는 음악을 들어보자. 내 경우엔 제목부터 낭만적인 라흐마니노프 교향곡 2번 3악장을 듣곤 한다. 금가루가 벚꽃처럼 흩날리듯, 환희에 차 있으면서도 애잔한 멜로디가 울리기 시작하면 세상이 마법처럼 아름답게 변한다.

마지막으로 영혼 충전형 진통제는 관점을 바꿔 고통을 바라보거나, 자신의 영혼을 사랑으로 충전하는 방법이다. 이 진통제는 효과가 가장 강력하며 중장기적 꿈에까지 영향을 미쳐 성공률이 높다.

* 용기 불어넣기: 일의 고통이 크게 느껴지거나 우울해지는 이유 중 하나는 용기가 줄었기 때문이다. 정기적으로 자동차 타이어의 공기압을 점검하듯, 우리도 '용기압'을 적절히 관리해야 한

다. 가장 추천할 만한 용기 주입법은 가족끼리 둥글게 서서 서로를 안아주는 것이다.

우리 가족의 경우엔 가끔 내가 지쳐 보이거나 아내가 논문을 쓰느라 힘들어하면, 아이가 "잠깐, 이리 와보세요"라고 우리를 거실로 불러 모아 꼭 안아준다. 그러면 신기하게도 용기가 '빵빵하게' 충전된다. 이 방법은 오랜 절친에게 시도해도 효과가 좋다. 어른이 된 우리는 누구를 안아줬을 때의 느낌도, 안겼던 감각도 잃어간다. 만나거나 헤어질 때, 악수하는 척하다 꼭 안아주면 순식간에 서로의 용기가 급속 충전이 된다.

* 명언 주입하기: 책에서 본 명언을 주문처럼 읊조리다 보면 마음의 안정을 찾을 수 있다. 만약 주문의 효과가 떨어진 것 같다면 책을 펼쳐 새로운 주문을 찾아본다. 비결은 평소 취향과는 다른 책을 사는 것이다. 베스트셀러 위주로 책을 읽는 사람은 고전 명작을, 진지한 교양서를 주로 읽는 사람은 대중적인 자기계발서를 읽는 것도 도움이 된다. 낯선 느낌으로 한 문장씩 읽다 보면, '모든 행복한 가정은 비슷하지만, 불행한 가정은 저마다의 방식으로 불행하다' 같은 톨스토이의 명문을 발견할 수 있다.

가벼운 마음으로 낯선 동네를 산책하듯 책을 읽으며 관점을 전환해 보면 고통의 진짜 원인이 슬며시 드러나기도 한다. 그때 새로 만든 주문을 외우면 고통뿐 아니라 그 원인도 사라지곤 한다.

* 신이 되기: 진짜 신이 되라는 뜻이 아니라 신의 관점에서 바라보는 행위를 의미한다. 우리 집엔 아이가 어릴 적에 물고기를 보고 싶다고 해서 만든 오래된 어항이 있다. 그곳엔 다슬기와 수질 정화에 좋다는 고구마가 한쪽 귀퉁이에 하얀 뿌리를 내리고 있다. 벌써 8년이 넘은 터줏대감 가오리비파도 한 마리 살고 있다. 가끔 피곤할 때 멍하니 어항을 들여다본다. 어항 속 생물들의 모습이 사랑스럽기도 하고 가엾기도 하다. 내가 아니면 밥을 주거나 물을 갈아주는 사람도 없으니 이 생태계에 묘한 책임감이 든다.

유독 지치는 날엔 작은 화분을 사기도 한다. 활짝 핀 꽃과 싱그러운 이파리를 보면 굳센 생명력에 경외감이 들곤 한다. 겨울이면 먹이를 찾기 힘든 새들을 위해 땅콩 분태를 넣어 나뭇가지에 걸어두기도 한다. 귀여운 새들이 찾아와 맛있게 먹는 걸 보면 기이한 자연의 힘에 감탄하게 된다. 영화 〈지.아이.제인〉에 인용되기도 했던 시인이자 소설가 데이비드 허버트 로런스의 "얼어 죽어 나뭇가지에서 떨어지는 작은 새조차도 자신을 동정하지 않는다"란 시 구절을 중얼거릴 때도 있다. 자기 연민에 시들지 않고 열심히 꽃을 피우고 헤엄치고 날아가는 생명체를 보는 건 영혼을 정화하는 데 좋은 약이다.

조언의 진짜 의미

/

　하루는 길지만 인생은 짧다. 짧은 인생을 위해서는 돈과 명예, 권력의 3박자가 갖춰진 꿈이 아니라 지금 겪는 고통의 이유가 되어줄 꿈을 가져야 한다. 마찬가지로 긴 하루를 위해선 오늘의 고통을 덜어줄 무해한 진통제를 복용하는 법도 알아야 한다. 그렇게 잠깐이라도 고통을 잊으며 하루를 살아내다 보면 덜 괴로운 삶이 완성될 수 있다.

　번 돈을 가치 있게 쓰고 몸을 돌보며 자연과 자신이 사랑과 관심의 연대로 이어져 있음을 깨닫고 의연하게 살아가야 한다. 그게 앞선 유명인이 시간에 쫓겨 미처 건네지 못한 조언의 진짜 의미였을 것이다.

To-do List

16. 무해한 진통제 복용법 익히기

* 고통의 원인을 찾기보다 고통에 의미를 부여해 보자.
* 돈을 가치 있게 쓰고 몸을 돌보며 용기를 낼 수 있는 자기만의 방법을 개발하자.
* 힘들고 고통스러울 땐 무해한 진통제를 복용하고 하루를 살아내자.

방학이 없는 회사에서
일상으로 돌아가다

회사엔 방학이 없다 보니 정신적으로 충전을 하거나 새로운 공부를 시작해 인사이트를 얻기도 어렵다. 쉬지 않고 일하다 보면 관성이 생기고 그에 따라 사고의 틀이 고정된다. 사회 시스템의 교묘한 노림수처럼 시나브로 회사가 자기 우주의 모든 것으로 자리 잡게 된다. 언젠간 그만둘 수밖에 없는 직장에서 회사형 인간으로 전락하게 될 위험이 있으므로 어떻게든 쉬어야 한다. 어떤 방법이 있을까?

회사마다 육아 휴직과 질병 휴직, 자비 연수나 배우자 동반 휴직, 가족 돌봄 휴직과 안식년 등 다양한 휴직 제도가 있다. 그런데 막상 휴직을 신청하려 하면 회사 안팎으로 눈치를 보게 되고 심적 압박을 받게 된다. 회사는 이윤을 내기 위해 언제나 인력을 빠듯하게 운영하는 법이고, 개인 차원에선 수입원이 없어지니 당장 금전적 문제도 걸림돌이 되기 때문이다.

이런 이유로 휴직 신청을 할 땐 사전 준비를 철저히 하는 게 중요하다. 사규상 관련 조항 및 일정을 따지는 건 기본이고, 경제적 문제에 대해서도 계산기를 두드려봐야 한다. 휴직 시점 역시 회사나 동료들에게 영향이 최소화되도록 조직 개편이나 인사이동 등의 시기를 고려하여 선택하는 게 좋다. 이런저런 사항을 모두 따진 뒤에도 기회가 주어진다면 용기를 내 적극적으로 쉬어보길 권한다.

나는 잘 노는 사람이다

열심히 일하다 잠시 쉬게 되면 몇 가지 깨달음을 얻을 수 있다. 일단 자신이 없어도 회사와 세상은 놀라울 만큼 평온하게 잘 돌아간다는 사실을 알게 된다. 한 발 떨어져 보면 신경 쓰이던 업무나 인간관계도 실상은 별거 아님을 깨닫게 된다. 모두가 회사에서 바쁘게 일하고 있다고 생각했지만, 평일 유원지나 쇼핑가엔 사람들로 가득하단 사실도 발견하게 된다.

'모든 사람이 나처럼 정신없이 사는 게 아니구나!'

이런 체험을 해본 사람은 회사 이후의 삶을 꿈꿀 수 있게 된다.

아이가 초등학교에 다닐 때 육아 휴직을 했다. 아침에 일어나 집안일을 한 뒤 아이의 하굣길이나 부모 참관 수업에 나갔다. 남는 시간에는 편한 옷을 입고 집 주변을 어슬렁거리며 장도 보고 산책을 했다. 어느 날 아이가 이런 말을 했다.

"아빠, 친구들이 물어봐."

"무얼?"

"너희 아빠는 일하러 안 가냐고…. 나만 아빠가 학교에 오니까."

아내에게 이 말을 전했더니 자신도 주변 학부모에게 비슷한 질문을 받은 적이 있다고 털어놨다. "그래? 잠깐 휴직 중이라고 하지 그랬어?"라고 했더니 "뭐 하러 시시콜콜하게 설명해. 그냥 쉬고 있다고 말하고 말았지"라고 대답했다.

아이의 귀여운 투정과 아내의 무심한 대응에 잠깐 입이 튀어나왔다가 뜻밖에도 자긍심 같은 게 차올랐다. 그렇다. 나는 노는 사람이다! 잠깐이긴 했지만 남과 다른 길을 걷고 있다는 데서 이상한 자긍심이 느껴졌다. 이 외에도 쉬다 보니 특별한 깨달음을 목표로 하지 않았음에도 빈 곳은 더 가치 있는 것으로 채워진다는 성찰을 얻게 됐다.

아이가 몇 단어로 의사 표현을 하고 막 걸음마를 시작할 무렵에도 휴직을 했다. 아침마다 아이 이유식을 만들어 먹이고 집안일을 마치면 차를 몰고 근처 대형 마트로 향했다. 마트는 언제나 한산했고, 늘 비슷한 실내 온도를 유지하고 있었다. 아이가 좋아하는 거북이와 물고기가 헤엄치는 동물 코너도 있고 그날그날 필요한 것들도 살 수 있으니 아이와 함께 시간을 보내기에는 최적의 장소였다. 당시 살던 아파트 근처엔 대형 마트가 세 개나 있어서 하루씩 돌아가며 방문했다. 얼마 뒤 그곳에서 일하는 분들은 오픈과 동시에 입장하는 우리를 기억하곤 "아빠랑 또 왔네!"라며 반겨주셨다.

아이와 온전히 하루를 함께 보내다 보면 마음이 솜사탕처럼 깨끗하게 부풀어 오르는 듯한 느낌이었다. 퇴근 후 피곤함에 지친 얼굴이 아닌, 밝고 자상한 얼굴로 소파에 함께 누워 새로 배운 '물', '까까', '맘마' 같은 단어를 함께 되뇌었다. 아이의 생각이 커가는 놀라운 순간, 억만금을 들여도 다시 돌아오지 않을 소중한 시간을 함께할 수 있어 행복했다. 그 행복감은 중학생이 된 아이가 여전히 굿나이트 뽀뽀를 하러 올 때마다 햇빛 아래 물가의 조약돌처럼 내 안에서 반짝이곤 한다.

휴직 기간 내가 집안일에 제법 소질이 있으며, 지루함에 강한 면역을 가진 사람이란 걸 알게 됐다. 좋아하는 책을 읽거나 영화관에 혼자 있어도 전혀 심심하지 않았고, 카페에서 책을 읽고 글을 쓰는 것도 행복했다. 어찌나 좋았던지 저녁에 소파에 앉아 내일 할 일을 떠올리다 "아! 행복해!"라고 소리를 쳐서 아내를 놀라게 한 적도 있다.

계절이 바뀌면 카메라와 망원경을 들고 철새를 보러 다녔다. 집에서는 가사 동료인 로봇청소기에 이름을 붙여 주고 말을 걸기도 했다. 악보에 계이름을 적고 손가락 번호를 외우며 피아노 독학을 시작했다. 휴직을 하면서 내가 노는 데 천부적 재능을 타고난 사람이란 사실을 깨달았다.

일상 속 장미를 찾아서

대학 시절 좋아했던 세계적 바이올리니스트의 말을 떠올린 건 그 무렵이었다. 안네 소피 무터(Anne Sophie Mutter)는 한 인터뷰에서 바이올린 연습보다 더 중요한 건 삶으로 돌아가는 거라고 말하며, 책을 많이 읽고 좋은 사람이 되는 게 무엇보다 중요하다고 덧붙였다. 그녀의 인터뷰는 음악이 전부라는 식의 스타 연주자들의 이야기와는 전혀 다른 메시지를 전해 깊은 뒷맛을 남겼다.

우리 윗세대는 일과 삶을 구분할 줄 몰랐다. 먹고살기에 바빠 감히 쉬면서 자기 삶을 찾겠다고 나서기 어려웠다. 일을 쉰다는 말은 사랑하는 가족을 방기하는 행위였고, 책임 회피와 동의어처럼 느껴졌다. 그들에겐 그렇게 일이 취미이자 취향으로 자리 잡았고, 삶이 곧 노동이 돼버렸다. 나라를 일으키고 가족을 지키기 위해 고군분투했던 분들이기에 더욱 안타까운 일이다.

철학자 고쿠분 고이치로(國分功一郎)는 저서 『인간은 언제부터 지루해했을까?』에서 삶에 내포된 지루함을 분석하며 "빵만이 아니라 장미도 바라자. 삶은 장미로 꾸미지 않으면 안 된다"라고 말한다. 빵이 생계유지를 위한 직업과 노동이라면, 장미는 삶을 자신의 취향대로 꾸며가는 능력이다. 쇼펜하우어도 기본적인 욕구의 충족이 낮은 층위의 만족을 가져다주는 데 반해, 진정한 행복은 음악적·탐미적 사고 등을 누릴 수 있는 능력에 달려 있다고 말한다. 모두가 제대로 된 쉼이 없다면 누릴 수 없는 것들이다.

회사에 다니며 일하는 우리는 마음 놓고 쉴 틈을 내기 어렵지만 윗세대보다 더 나은 환경에 있음은 분명하다. 매일 빵을 구우면서도 삶을 장미로 꾸밀 기회를 틈틈이 노리며, 기회가 왔을 때 용기 있게 쉬어보자. 쉬다 보면 바람결에 묻어온 장미 향기가 은은히 코끝을 간지럽히는 순간이 온다. 그 향기는 기묘한 힘이 있어 오랜 시간이 지나도 쉽게 사라지지 않는다.

17. 일을 잠시 쉬어보기

* 휴직과 쉴 기회가 있다면 용기를 내어 제대로 쉬어보자.

* 일상으로 돌아가 가족과의 시간을 되찾고 진짜 나를 발견해 보자.

* 예술과 사색, 놀이 등 일상 속 장미를 꾸준히 바라고 추구하자.

다름을 넘어서
같음을 공유하는 마음

나아가기

3

언보싱 사회에서
리더가 된다는 것

"팀장을 좀 맡아주시면….'

"말씀은 정말 고맙습니다만….'

인사 시즌이 되면 주변에서 이런 대화를 자주 듣게 된다. 왜 팀장을 맡지 않았는지 그 이유를 물어보면 대부분 업무와 인간관계의 어려움을 꼽는다. 거기에 꼭 붙는 한마디가 있다.

"팀장이나 일반 직원이나 연봉도 별반 차이가 없는데 굳이….'

젊은 세대를 중심으로 팀장이나 중간 관리자가 되는 걸 회피하는 문화가 확산하고 있다. 해외에서도 보스가 되지 않기, 즉

'언보싱(Unbossing)'이라는 용어가 유행할 정도로 팀장직 기피는 전 세계적 현상이다. 평생직장의 개념이 희미해지고 보상과 처우도 평사원과 별반 다르지 않다 보니 중간 관리자가 되는 걸 기피할 만도 하다. 팀장이 되면 너무 바쁜 탓에 워라밸을 유지하기 어렵고 자기계발을 할 여유가 없다는 점도 기피 요인 중 하나다.

그럼에도 불구하고 어쩔 수 없이 팀장을 맡게 된 불행한(!) 사람을 위해 중간 관리자는 어떤 역할을 하고, 어떻게 어려움을 극복하면 좋은지 살펴보고자 한다. 이참에 팀장이 정말 기피할 만한 자리인지도 생각해 보면 좋을 듯하다.

권력의 곁불을 쬘 때

/

회사에서 가장 흔한 보직이 팀장이다. 팀장은 임원 같은 고위직은 아니지만 직함과 권한을 가지고 평사원을 직접 마주하는 관리자다. 이를 커뮤니케이션 모형에 대입해 보면, "코딩된(그럴듯한 이유로 포장된) 신호를 디코딩해서(맥락을 알아듣게끔 잘 풀어서) 수용자인 사원들에게 전달하고 실행하는 라디오"의 역할을 하는 게 팀장이다.

엉뚱한 주파수 대역에 맞추는 바람에 갑자기 영어 방송이 송

출되거나, 신호를 제대로 인식하지 못해 지지직거리다 먹통이 된다면 나쁜 라디오가 된다. 회사야 어찌 되든 자기 성공에만 주파수를 맞춘 출세지향형 팀장, 상부의 지시를 제대로 이해하지 못하고 엉뚱한 지시를 내리는 아둔한 팀장, '나는 위에서 시키는 대로 전달했으니 실행은 너희 몫'이라는 무책임한 팀장이 이런 부류다.

회사를 오래 다니다 보면 나쁜 팀장 유형은 다 만나기 마련이므로 '왜 내가 만나는 팀장들은 다 저 모양인가!'라는 불평은 접어두자. 중요한 건 '나는 나중에 저런 팀장은 되지 말아야지'라고 다짐하며 그들로부터 하지 말아야 할 행동을 배우는 일이다. 좋은 팀장은 나쁜 전임자에게서 배우는 법이다.

따지고 보면 그들도 처음부터 나쁜 팀장이었던 건 아니다. 동료들과 맥주를 마시며 나쁜 팀장을 비판하고 자신은 그렇게 되지 말자고 다짐했던 사람들이 대부분이다. 그럼에도 불구하고 나쁜 팀장이 생산 라인 주형틀에서 쏟아져 나오는 고무 신발처럼 척척 뽑혀 나오는 이유는 무엇일까?

첫째, 빠듯한 일정과 과도한 업무량이 나쁜 팀장을 만들 수 있다. 내가 처음 팀장이 됐을 때 일이다. 인사 발령을 접하고 몇 시간도 채 지나지 않았는데 임원이 전화해 특정 사안에 대해 보고하라고 지시했다. 담당자에게 관련 브리핑을 받고 부랴부랴 보고를 마치고 내려왔더니 회의가 기다렸고, 이후엔 공식

발표 행사가 예정되어 있었다. 이 모든 일을 마치고 올라왔더니 부서원이 업무 보고를 준비했다.

하루 종일 지나치게 많은 일을 하며 눈코 뜰 새 없이 바빴다. 조직 슬림화 방향에 따라 이런저런 소규모 업무를 합치는 바람에 일이 폭증한 상태였다. 섬세하게 이것저것 고려하여 메시지를 해독하고 전달하는 게 말처럼 쉽지 않았다. '이런 식이라면 내 의도와는 다르게 나쁜 팀장이 될 수도 있겠구나' 싶어 식은 땀이 흘렀다.

둘째, 모든 고통의 원인을 회사에서 찾는 팀원으로 인해 나쁜 팀장이 될 수 있다. 부처님은 삶을 고통으로 바라봤다. 물리적 통증이나 마음의 아픔뿐 아니라 인간 존재 자체가 근본적으로 만족스럽지 못한 상황(고)에 처해 있다. 세상은 무상하기 마련인데, 변하고 떠나가는 것에 집착한(집) 결과로 인해 고통스럽다. 젊음과 성공, 건강, 인간관계 등은 아무리 노력해도 영원히 가질 순 없는 것들이다. 그래서 부처님은 고통을 사라지게 하는 방법(멸도)으로 불교의 핵심적 가르침인 사성제, 고집멸도(苦集滅道)를 말했다. 이는 회사가 주는 고통 이전에 인간의 존재 조건 자체가 고통임을 암시한다. 우리는 회사 직원이기에 앞서 인간이기에 고통스러운 것이다.

이 사실을 인정하지 못하고 모든 고통의 원인을 업무와 처우, 회사로 단정짓고 팀장에게 불만을 늘어놓아선 곤란하다.

해탈했거나 대승의 자비로운 마음을 깨달은 사람이라면 모를까 당장의 실존적 고통에서 벗어나게 해줄 팀장은 어디에도 없다. 팀장은 질투와 시기, 불평을 늘어놓는 팀원 곁에서 기도하거나 죽비를 내리치며 정진을 도울 수도 없다 보니 그저 지켜볼 뿐이다. 그런 상사가 팀원에겐 나쁜 팀장으로 비칠 수 있다.

셋째, 그 사람의 인격적 문제로 인해 나쁜 팀장이 될 수 있다. 팀원일 때는 멀쩡해 보이던 사람이 리더가 되면서 갑자기 성격이 이상해지는 경우가 많다. 권력이 뇌 구조를 변화시킨다는 연구 결과도 있듯 권력에 가까워지면 심리적·신체적 변화에 노출되기 마련이다. 조금만 노력하면 더 높은 권력을 가질 수 있다는 욕망, 실패하면 안 된다는 불안에 시달리면서 자아가 흔들리기 시작한다. 그 결과 무리한 지시를 강요하거나 무조건 따르라고 하며 강압적인 사람이 되기 쉽다.

좋은 사과 선별자가 되는 법

어떻게 하면 이런 과오를 범하지 않고 좋은 팀장이 될 수 있을까?

첫째, 반성의 괴로움을 떠안을 수 있어야 한다. 연구 결과에 따르면, 어떤 사람은 권력에 취해 무례해지는 반면 다른 사람은 지위 상승에도 부정적 인격 변화가 일어나지 않고 오히려 도덕적 판단력이 향상됐다.

사회심리학자 애덤 갈린스키(Adam Galinsky)는 이에 대해, 권력은 그 사람이 가진 내적 자질을 더욱 증폭시켜 드러낸다고 주장한다. 도덕성이 떨어지는 사람이 권력을 가지면 무례해지는 반면, 인격적 자질이 훌륭한 사람은 권력을 얻은 후에도 도덕성을 유지한다는 것이다.

권력의 영향에도 흔들리지 않는 인격적 고귀함은 자기반성을 통해 지켜질 수 있다. 내 경험에 비춰봐도 좋은 팀장이었다고 할 만한 사람들은 늘 괴로워했다. 그들은 자신이 더 좋은 방법을 제시하지 못한 건 아닌지, 팀원들의 희생을 강요한 건 아닌지, 더 세심히 챙길 수 있었던 건 아닌지 고민했다. 만약 자신이 나쁜 팀장이 아닌지 고민하며 괴로워한 적이 있다면, 당신은 좋은 팀장이 될 자질을 갖춘 사람일 가능성이 크다.

둘째, 사과 고르기를 잘할 수 있어야 한다. 신입 시절엔 팀장이 어디서 썩은 사과 같은 일을 가져오는지 의아할 때가 있었다. 그중엔 아예 못 먹을 만큼 상한 사과도 많았다. 어느 날, 팀장이 자리를 비우는 바람에 업무 회의에 대신 들어간 적이 있는데, 그때 사과 고르기의 구조를 알게 됐다.

예를 들면 보스가 보따리를 풀어 테이블 위에 열 개의 사과를 펼쳐 놓는다. 회의를 거쳐 우리 부문 임원은 그중 네 개를 가져온다. 국장은 이 가운데 시간을 두고 천천히 먹어도 될 사과는 제하고 세 개를 팀장에게 던진다. 팀장은 그중 이미 상한 걸 제하고 한두 개를 가져오는 구조다.

이런 시스템에선 사과를 아예 고르지 않는 건 어렵다는 사실을 인정하게 됐다. 욕심이 지나쳐 사과를 주는 대로 척척 받아서도 안 되지만, 팀장 입장에서 가끔은 그런 사과들도 받을 수밖에 없는 구조였다. 더불어 괜찮은 사과를 요령 있게 골라 오거나, 썩은 부분은 도려내고 멀쩡한 부분만 잘 살려 가져오는 게 좋은 팀장의 역할임도 알게 됐다.

셋째, 업무 설명을 잘할 수 있어야 한다. 팀장과 팀원 사이에는 정보 불균형이 있다. 팀장은 직간접적 정보를 많이 수집해 업무의 숨은 의미와 내력을 알고 있는 반면, 팀원에겐 당장 내려받은 업무 지시만 눈에 들어온다. 이때 팀장은 정보를 정확히 해독해 전달하는 라디오가 될 수 있어야 한다. 다소 번거롭더라도 이 일이 어떤 맥락과 과정을 거쳐 왔는지를 최대한 상세하게 설명해 줘야 한다.

"이걸요?", "제가요?", "왜요?"라는 질문 삼총사는 대부분 정보 공유 없이 지시만 달랑 떨어질 때 튀어나오기 쉽다. 이때 팀장은 화를 내기보다는 "업무의 목적은?", "해야 할 일은?", "향후 추진 방향은?" 식으로 친절하고 상세하게 해석해 줘야 한다. 개떡같이 말해도 찰떡같이 알아듣는 시대는 지났다. 찰떡같이 말해도 정보는 수신자에게 100% 완벽하게 전달될 수 없다는 커뮤니케이션 이론을 되새겨봐야 한다.

'권취 운전'을 피하려면

좋은 팀장의 조건을 이야기하다 보니 정작 "나는 좋은 팀장이었을까?"라고 자문하게 된다. 좋은 사람이 되고 싶다고 막연하게 생각하지만, 구체적인 상황에 직면해서야 내가 어떤 사람인지에 대한 답을 어렴풋이나마 얻게 된다. 이런 이유로 예전 팀원에게 점심 먹자는 연락이 오거나 시시콜콜한 일로 수다를 떨자고 하면 반갑다. 좋은 팀장까지는 몰라도 권력에 취한 '권취 운전'에선 벗어난 사람이구나 싶어 안도감이 든다.

임원과 팀원 사이에 끼여 스트레스를 많이 받고 개인 생활을 포기해야 하는 팀장 따위 할 게 못 된다고 생각할 수 있다. 그렇다면 자신이 권력의 곁불을 쬘 때 지킬 박사에서 하이드로 변할지, 썩은 사과를 들고 괴로워하는 좋은 팀장으로 남을지 가벼운 호기심으로 도전해 보는 건 어떨까? 어차피 삶이 고통이라면 회사에서 겪을 수 있는 강렬한 고통도 한 번쯤 맛보는 것도 나쁘지 않다. 그 과정에서 인간과 자기 자신에 대한 이해가 깊어질 수 있다.

18. 한 번이라도 팀장 맡아보기

* 자신이 잘하고 있는지 돌아보며 반성의 괴로움을 떠안자.

* 윗사람의 요구와 현실 사이에서 균형을 잡는 사과 선별자가 되자.

* "왜요?"가 나오지 않도록 일의 맥락과 배경 설명을 잘하자.

남보다 예민한 사람을 위한
사회생활 비법

　스튜디오 지브리의 애니메이션 영화 〈바다가 들린다〉에는 인상 깊은 장면이 등장한다. 선배들의 성적이 떨어져 진학률이 낮아지자, 학교는 다른 학년의 수학여행까지 전면 취소해 버린다. 주인공 타쿠는 친구들과 담임 선생님을 찾아가 이번 조치의 부당함을 주장해 보지만, 학교 측은 오히려 전교생을 모아 놓고 불만이 있으면 손을 들라고 하며 강경 대응한다.

　모두가 주저하고 있을 때 마츠노란 학생이 타쿠와 함께 손을 번쩍 든다. 두 사람은 미술실에 불려 가 자신의 의견을 종이에 적는데, 마츠노가 건넨 종이에 이런 말이 적혀 있었다.

"학교를 졸업하고 10년 후, 20년 후에도 이번 일은 선생님들이 부당했다고 떠올릴 겁니다."

이 영화를 떠올릴 때면 주인공 타쿠보다 마츠노에게 더 신경이 쓰인다. 학교에서 부당한 일을 겪은 경험은 누구에게나 있기 마련이지만, 그 감정을 10년 후, 20년 후에도 기억하는 삶이란 어떤 걸까? 그 나름대로 꽤 피곤한 삶이지 않을까? 다른 사람보다 풍부한 감수성을 타고난 마츠노에게 이는 그냥 지나칠 수 없는 일이다. 이런 부류의 사람은 하나의 사건을 프리즘에 통과시켜 다채로운 파장의 색으로 분리해낸다. 그런 다음 좋은 일이든 나쁜 일이든 그 감정을 오랫동안 기억 속에 담아둔다. 그들의 정체는 바로 '남보다 예민한 사람'이다.

나 역시 마츠노만큼은 아니지만 감수성이 예민한 편이다. (주변 사람들은 믿지 않지만 피부도 예민하다.) 가끔 학교 친구들을 만나 과거 이야기를 할 때면 "아, 그런 일이 있었던가?"라거나, "그땐 뭐 그랬었지. 별로 좋지도 않은 일을 지금까지 기억하는 거야?"라는 말을 듣곤 한다. '그런 사건을 잊는 쪽이 이상한 거 아냐?'라고 생각하면서도 사람마다 피부 민감도가 다르듯 감수성도 다를 수 있다고 인정하게 된다.

문제는 학교를 졸업하고 회사에 다니게 되면 더 많은 부당함과 불쾌한 인간관계를 경험하게 된다는 점이다. 무던한 동창들처럼 금세 잊어버리고 아무 일도 없었다는 듯 살아가면 좋겠지만, 마츠노처럼 감수성이 풍부한 사람은 그 상황을 기억 저장소에 넣어두고 수시로 꺼내 재해석한다. 한 사건의 분석이 끝나기도 전에 다른 경험이 밀려들면, 그들은 방학 숙제를 끝내지 못한 아이처럼 초조해하며 쫓기기 시작한다.

'사는 게 왜 이렇게 힘들까?'

'남들은 무던하게 잘사는데 나는 왜 이리 힘든 걸까. 혹시 내게 문제가 있는 건가?'

이런 생각이 꼬리에 꼬리를 물고 이어지며 급기야 번아웃과 우울증이 찾아온다. 이들은 정말 치열한 사회생활을 감당하기에 불리한 특성을 타고난 걸까? 만약 그렇다면 그런 사람은 어떻게 살아야 할까?

감정은 압축된 정보

감수성이 풍부하다는 건 갑자기 울음을 터뜨려 주위를 당황하게 만드는 행동을 뜻하지 않는다. 오히려 감수성이 풍부한 사람은 주위에 피해를 줄까 봐 혹은 부끄러워서 남몰래 눈물을 흘린다. 겉보기에는 무던하고 사회성이 뛰어난 이들 중에 이런 사람이 많다.

이들은 회사에서 하루 종일 사방에서 날아오는 화살을 온몸으로 막아낸다. 집에 돌아와 옷을 갈아입는 순간 붉은 상처가 드러난다. 급한 대로 상처를 물로 씻어내고 붕대로 대충 감고 침대에 눕지만, 몸을 살짝 돌리기만 해도 쓰라리고 아프다.

'아플 때 아프다고 말할 수 있는 사람은 얼마나 좋을까?'

그렇게 되뇌는 사이 베개에 눈물이 한 방울 떨어진다.

남보다 예민한 사람은 감수성이 풍부한 자신을 극복해야 할 대상으로 여길 때가 많다. 무엇보다 마음이 괴롭고 자신이 소심한 사람처럼 느껴지기 때문이다. 하지만 감정이 섬세하다는 건 대단한 축복일 수 있다. 이 말뜻을 이해하려면 감정의 본질에 대한 새로운 시각이 필요하다.

감정은 도파민·세로토닌 같은 생화학적 현상으로 설명되기도 하고, 인지심리학·정신의학·진화심리학·사회문화 이론 등의 다양한 관점으로 해석되기도 한다. 여기서는 감정을 일종의 정보 압축 방식으로 이해하고자 한다.

컴퓨터의 압축파일처럼 우리의 감정도 반복되는 경험의 패턴을 요약하는 기능이 있다. 예를 들어 컴퓨터는 '111'이란 코드가 반복된다면 이를 하나의 기호로 대체해 압축한다. 우리의 감정도 이런 데이터 압축 방식과 유사한 방식으로 정보를 압축한다.

하루 종일 회사에서 부당한 업무 지시를 받고 무례한 사람을 만나며 일을 하다가 다치기까지 했다면, 오늘은 '불쾌함'이란 감정적 기호로 압축된다. 이런 일이 출근할 때마다 반복된다면, 회사라는 대상은 고통이란 감정으로 요약돼 기억 속에 저장된다.

감수성이 풍부한 사람은 정보 손실률이 낮고 정보 보존율이 높은 압축 방식을 사용한다. 대다수 사람은 '재수 없는 하루였다'라고 대수롭지 않게 넘기고 며칠 후 잊어버린다. 반면 감수성이 풍부한 사람은 개별 사건의 미묘한 차이를 구분할 뿐 아니라 대부분의 정보를 생생하게 손실 없이 압축한다. 그만큼 불쾌한 기억을 오랫동안 간직하고 자극 하나하나를 또렷하게 마음에 새긴다. 당연히 기억 저장소에는 다양한 감정 파일이 쌓이게 되고 급기야 자극 자체를 피하려는 소극적인 성향을 보이게 된다.

데이터 압축 방식에 옳고 그름이 없듯 감수성이 풍부하다는 건 누구의 잘못도 아니다. 무엇보다 우리는 감정을 이성보다 아래에 두는 경향이 있다. "그건 그냥 기분일 뿐이야"라거나 "감정적으로 휘둘리지 말고 차가운 이성으로 봐라"라고 말하며 감정을 다스려 이성적으로 사고해야 한다고 강조한다.

그러나 우리는 행복한 감정과 충만한 사랑을 맛보고 오래 기억하기 위해 살아간다는 점에서 감정은 삶의 의미 그 자체일 수 있다. 바꿔 말하면 감정의 세밀한 결을 알아차릴 만큼 예민한 감각을 가진 사람은 작은 일에서도 행복과 사랑을 느낄 수 있고, 그런 감정을 생생하게 오래 간직하고 추억할 수 있다는 뜻이다.

자기 안의 예민함과 친해지기

우리는 삶이란 항해를 하면서 다양한 기록을 마음에 새긴다. 그 기록을 통해 배우며 한 사람의 독립적인 여행자로 성장한다. 누군가의 항해 일지에는 날씨만 달랑 적혀 있는 반면, 또 다른 누군가의 일지에는 온도와 습도, 뱃머리에서 뛰어오르던 돌고래의 움직임, 일찍 뜬 달빛에 반짝이던 은파의 아름다움까지 세세히 기록되어 있다. 세상은 그저 견디고 살아내는 게 전부가 아니다. 경험하고 기억하는 대상이기도 하다. 남보다 예민한 사람은 그만큼 훨씬 다채로운 삶을 사는 것일 수 있다.

이들의 또 다른 장점은 타쿠가 마츠노를 알아본 것처럼 서로를 알아보는 능력에 있다. 이런 우정과 사랑은 한 번 맺어지면 평생을 갈 수 있다. 성장 과정에서 티격태격해도 더 단단한 관계로 거듭날 수 있다. 졸업하고 시간이 흐른 뒤 마츠노가 사과하기 위해 공항으로 타쿠를 마중 나간 건 두 사람이 싸운 그날의 일을 여전히 기억하고 있었기 때문이다. 두 사람은 가슴에 새겨둔 생생한 기억을 토대로 성찰하고 성장했기에 오해를 풀고 화해하는 멋진 어른이 될 수 있었다.

여기서 감수성이 풍부한 사람들의 사회생활 비법을 도출할 수 있다.

첫째, 자책하거나 자기연민에 빠지지 않는다. 남보다 예민한 사람으로 태어난 건 잘못된 일도 이상한 일도 아니다. '나는 왜 이렇게 힘들까?', '왜 약한 마음이 들까?'라며 자기연민에 빠지거나 자책해선 안 된다. 자신의 성격이 단점도 있지만, 마츠노처럼 삶을 다채롭게 만드는 재주가 있다고 받아들인다.

둘째, 통제 불가능할 정도로 많은 정보가 유입되는 상황은 적극적으로 피한다. 만날 때마다 신경을 곤두서게 하는 사람이 있다면 가급적 멀리해야 한다. 업무에서 오는 스트레스가 심하다면, 부서 이동이나 직무 전환을 시도하는 등 자극을 조절할 수 있는 환경을 찾아야 한다. 피하는 건 비겁한 행위가 아니라 정교한 자기 방어라고 생각해 본다.

셋째, 부정적인 감정보다 긍정적인 감정의 양을 압도적으로 크게 늘린다. 감수성이 예민하다는 건 부정적인 감정뿐 아니라 긍정적인 감정에도 민감하다는 뜻이다. 다만 사회생활의 특성상 부정적인 자극을 더 자주, 더 강하게 접할 뿐이다. 이렇게 말하면 누군가는 행복, 사랑, 기쁨, 평온, 희망 등의 감정은 사회생활을 하면서 쉽게 느끼기 어렵다고 반박할지 모른다. 그렇더라도 유일하게 '감사'만큼은 스스로 선택할 수 있다.

감사라는 최고의 감정

감사는 행복과 기쁨, 평온처럼 내면의 감정이 아니라 외부를 향한 예의로 여겨져 의례적인 것으로 취급되기 쉽다. 하지만 이는 인간의 내외적 충만과 포용을 함께 담아낼 수 있는 가장 성숙한 감정이다. 행복이나 사랑, 기쁨 등은 비교나 조건에서 나올 때가 많지만, 감사는 자기 안에 있는 좋은 것들에 대한 자족에서 출발한다. 다른 무언가를 끌어들일 필요 없이 그저 자신이 느끼는 것으로 충분하다. 감사는 삶이 무심코 던지는 악조건을 담담히 받아들이는 태도이자 운명의 장난에 일희일비하지 않는 조용한 저항이다. 이런 이유로 감사는 사람을 더 크게 만든다.

감수성이 풍부한 사람으로 태어난 건 축복이다. 다른 사람이 하나의 에피소드에서 한 가지 교훈을 얻는다면 감수성이 풍부한 사람은 열 가지를 터득할 수 있다. 다른 사람보다 삶이 더 힘들게 느껴진다면, 그만큼 더 많이 느끼며 살아내는 대가라고 생각해 보자. 정보량을 조절하는 기술을 익히며 더 많은 걸 느끼고 경험하고 기억하자. 그렇게 감사히 하루를 살아내자.

19. 예민함을 감사히 받아들이기

* 감수성이 풍부한 사람은 더 많은 정보를 깊이있게 해석하고, 오래
  기억하는 능력을 갖고 있다.

* 감수성은 추억을 보존하고, 내면의 성장을 이끄는 소중한 자산
  이다.

* 감사하는 마음은 모든 감정을 아우르는 가장 강력하고 긍정적인
  힘이다.

버티는 직장인과
이상한 정년 논의

100세 시대를 바라보는 가운데 버티기에 들어간 중년 직장인이 많다고 한다. 과거엔 자의든 타의든 오십 대 초반이 되면 많은 사람이 은퇴의 길로 접어들었다. 그러나 치솟는 인플레이션과 인구 감소, 경기 침체로 국민연금 같은 사회보장제도가 유지될 수 있을지에 대한 불안이 엄습하면서, 많은 사람이 다소 치사해도 직장에서 버티는 길을 택하고 있다.

중년 직장인은 그간 열심히 일하고 세금도 꼬박꼬박 내며 사회 구성원으로 최선을 다했다. 이제 여유 있는 쉼이 주어져야 마땅하다. 그런데 프랑스에선 정년을 연장하는 연금 개혁안에 반발해 국민들이 시위를 벌이는 반면, 우리는 정년 연장 방안을 두고 시혜를 베풀듯 고민하고 있다. 이런 차이는 어디서 기인할까? 나라마다 사정이 다르니 경제적 중산층을 보면 알 수 있지 않을까?

경제협력개발기구(OECD) 기준으로 한국은 전체 인구 중 경제적 중산층 비중이 60%대로 여타 선진국과 큰 차이가 없다. 의료보험 혜택은 세계 상위권에 속할 만큼 잘 갖추어져 있다. 문제는 중산층의 삶을 유지하는 데 드는 비용이다. 천연자원이 부족한 탓에 경쟁이 치열하다. 가정을 꾸리고 자녀의 교육 비용을 부담하려면 많은 돈이 필요하다. 결국 중산층으로 남기 위해서는 할 수 있는 한 계속 일할 수밖에 없다.

그렇게 열심히 일하다 은퇴할 즈음에는 연금과 같은 사회보장제도가 뒷받침되면 더없이 좋을 텐데, 한국 공적연금의 소득대체율은 OECD 평균보다 10%포인트 낮다는 평가다. 중년 직장인이 가족을 먹여 살리고 부족한 노후 자금을 메우려면 정년 이후에도 새로운 일자리를 찾아 나서야 하는 것이다.

이런 암울한 현실은 단순히 개인의 문제로 그치지 않는다. 중산층 붕괴는 사회 전체의 위기로 확장될 수 있다. 특히 한국 사회에서 중산층은 소득과 자산의 중간 계층만을 의미하지 않는다. 그 안에는 좌절과 불안, 그리고 희망이란 감정이 복잡하게 뒤섞여 있다.

'힘들게 일했는데 중간 정도는 살고 있나?'

한국인의 중산층에 관한 관심의 기저에는 자신의 노력을 확인받고 싶다는 소박한 마음이 자리한다. 부자까지는 아니어도 '남들만큼 살고 싶다, 평균적인 삶을 살고 싶다'라는 소시민적 바람이 담겨 있다. 그런 면에서 한국인에게 중산층은 단순한 계층 분류가 아니라 현실적으로 닿을 수 있는 행복의 기준점과 목표에 가깝다.

애증의 단어 중산층, 다른 나라에선 어떻게 정의하고 있을까? 그들은 어떤 감정으로 중산층의 의미를 받아들이고 있을까?

경제적 중산층과 문화적 중산층

세계 여러 나라에서도 중산층은 사회를 지탱하는 경제적 중추일 뿐 아니라 정치적·문화적 정체성을 형성하는 주된 계층으로 인식된다.

각국의 중산층에 대한 정의와 기준이 무엇인지부터 알아보자. 먼저 한국은 중산층의 기준으로 부채 없는 30평대 아파트와 중형차, 1억 원 이상의 통장 잔액과 일 년에 한 번 이상 해외여행을 갈 수 있는 경제력을 꼽는다. 이는 엄밀한 통계적 기준과는 거리가 있지만, 그 정도는 돼야 여유 있는 삶이란 생각에 고개를 끄덕이게 된다.

그런데 중산층을 이 같은 경제적 기준으로만 규정하다 보면 문화적·정신적으로 피폐해지는 부작용이 발생한다. 졸부를 상대하기 싫은 건 경제적 자산 외에 자신만의 가치관이 없기 때문이듯 이런 사람이 주축을 이룬 사회는 정신적으로 빈곤해지기 쉽다.

그런 면에서 영국 BBC가 대학들과 협력하여 실시한 21세기 최대 규모의 사회 계층 조사는 단연 눈에 띈다. 이 조사에서는 상류층·중산층·저소득층 등의 삼단 구분이 현시대와 어울리지 않는다고 간주하고 총 7개로 사회 계층을 세분화했다. 또한 경제적 요소뿐 아니라 사회적·문화적 자본도 중산층의 기준으로 삼았다. 구체적으로 보면 경제적 요소는 소득과 부동산, 저축 등으로 다소 평범한 편이지만, 여기에 평소 어떤 부류의 사람들과 교류하는지에 대한 사회적 네트워크, 예술·공연·스포츠·게임 등의 문화적 활동을 종합하여 사회 계층을 구분했다. (BBC 홈페이지에서 영국 기준으로 자신이 어떤 계층에 속하는지 테스트해 볼 수 있다.)

미국의 유력한 사회과학연구소 중 하나인 브루킹스연구소에서도 중산층 정의를 탐구한 바 있다. 그들은 중산층의 기준으로 돈과 자격, 문화의 세 가지 요소를 꼽았다. 돈은 경제력을 기준으로 하고, 자격 여부에는 교육과 직업 수준이 포함되며, 문화는 태도와 취향 등을 아우른다.

프랑스의 조르주 퐁피두 전 대통령 역시 삶의 질을 결정하는 요소로 한 가지 이상의 외국어·스포츠·악기를 다루는 능력, 자기 집만의 별미 만들기 등을 거론한 바 있다.

이처럼 해외에서는 중산층에 대한 기준을 다면적으로 규정하고 문화적 태도와 취향을 중시하는 경향이 강하다. 특히 취향을 중산층과 연결하는 관점은 우리에겐 다소 낯설게 다가오는 게 사실이다.

아름다움을 느끼는 취향

중산층이 되고 싶은 이유는 결국 아름다운 삶을 살기 위한 이유가 크다. 대단하진 않더라도 길가에 핀 작은 꽃처럼 소박하고 아름답게 살고 싶은 마음이 중산층이란 단어에 녹아있다. 그런데 이제까지 우리는 그 기본 조건으로 아파트와 연봉을 떠올려 왔다. 그 때문에 통속적 의미의 중산층에 도달한 사람조차 불안에 시달린다. 이미 중산층인데도 불안하고 삶이 아름답지 못하다고 느끼는 건 왜일까? 외적인 경제력을 갖추지 못해서가 아니라 혹시 아름다움을 감지할 취향이 결핍되었기 때문은 아닐까?

칸트는 취향에 대해 논하면서 아름답다고 느끼는 건 객관적인 개념이 아니라 주관적인 만족감, 즉 취향에 기반한 판단이라 말한다. 예를 들어 새를 보고 누군가는 아름답다고 느낄 수 있고 다른 누군가는 징그럽다고 여길 수 있다. 이것만 봐도 아름다움과 추함은 대상 자체의 속성이 아님을 알 수 있다.

그렇다고 아름다움이 단지 개인적인 판단의 영역에만 머무는 개념은 아니다. 설악산의 단풍을 볼 때 자신이 느낀 아름다움을 다른 사람도 똑같이 맛보리라 기대한다는 점에서 아름다움은 주관적인 개념인 동시에 관계 지향적인 특성을 갖는다. 이런 시각을 확장해 보면 자연스럽게 아름다운 삶을 위한 기본 조건도 도출할 수 있다.

"나는 평소 아름다움을 느낄 수 있는 취향을 갖고 있는가? 아름다움을 다른 사람과 함께 바라고 나누며 살고 있는가?"

이 질문에 답할 수 있을 때 삶은 꽃처럼 피어날 수 있다.

이렇게 말하면 아름다움을 느끼는 취향을 갖는 것도 결국 돈이 있어야 가능한 일이 아니냐는 의문이 들 수 있다. 외국어나 피아노, 수영을 배우는 것, 정기적으로 책을 읽고 미적 취향을 소유하는 건 확실히 돈과 여유가 필요한 일이다. 이런 이유로 우리는 돈을 중산층의 선결 조건으로 내세워 왔다. 그럼에도 불구하고 취향을 중산층의 기준처럼 이야기하는 이유는 무엇일까?

이는 근대 산업화 이후 인간에 대한 이해의 변화와 맞닿아 있다. 서구에선 산업화 이후 도시로 많은 인구가 유입됐다. 다섯 살 난 아이를 굴뚝 청소에 밀어 넣는 아동 노동 착취가 만연했고, 노동자들은 살인적 강도의 노동에 투입됐다. 근대 사회에서 인간은 곧 노동력이고, 부를 창조하는 수단이라는 등식이 굳어졌다.

철학자 미셸 푸코의 저서 『광기의 역사』, 『감시와 처벌』 등 근대 연구는, 인간이 노동 기계로 변질되면서 학교는 쓸 만한 노동력을 만들어내는 공장으로 바뀌었고, 노동력 없는 사람들은 사회에서 배제돼 정신병원에 수용됐다고 고발한다. 범죄자를 처벌하는 방식도 인권 때문이 아니라 노동력을 활용하기 위해 노동교화형으로 바뀐 것이라 주장한다.

시간이 흐르면서 인간은 단순한 노동 기계가 아니라고 자각하게 됐다. 먹고사는 문제가 해결되자 사람들은 주말에 모여 맥주를 마시며 여가를 즐기기 시작했다. 사람은 빵이 아니라 장미의 아름다움도 원했던 존재임을 깨닫게 된 것이다. 그렇게 문화와 취향의 시대가 열렸다. 끔찍한 노동 현장이었던 영국에서 대중문화 연구가 가장 먼저 시작된 건 우연이 아니었다. 먹고사는 일이 해결되면 다음으로 어떻게 살아가야 할지를 묻는 건 당연한 수순이기 때문이다.

온전히 자기 자신으로 살아간다는 것

／

한국은 OECD 회원국이자 선진국에 해당하지만, 중산층에 대한 인식은 여전히 산업화 시대의 가치관에 머물러 있다. 한국인은 소비를 할 때조차 취향이 아니라 계급에 맞는 문화를 줄 세우고, 타인이 욕망하는 걸 구매하며 몰개성하게 산다.

전후 압축 성장을 경험한 부모 세대는 노동의 시간을 견디며 나라를 선진국 반열에 올려놓았음에도 많은 이들이 유령처럼 배회하며 노년을 보내고 있다. 노동에 몰두한 나머지 아름다움을 느끼는 취향을 만들고 삶을 관조할 기회를 갖지 못한 탓이다.

현재를 사는 우리 역시 이렇게 읊조린다.

"막상 퇴사하고 은퇴를 하니 이제까지 좋았던 것도 별 감흥이 없어…."

이 경우 자신이 이제까지 좋아했던 그걸 진정으로 즐겼다고 볼 수 있을까? 노동의 현장에서 벗어나고 명함을 떼어낸 순간, 자신의 존재가 사라지는 삶이 과연 바람직하다고 할 수 있을까?

국경이 사라진 시대에 취향과 문화 자본의 보유 여부에 따라 삶의 반경은 무한히 넓어질 수 있다. 자신이 일해 왔던 분야에 대해 독특한 관점으로 비평하는 콘텐츠를 만들어 온라인에 공개할 수 있다. 자신의 취향에 맞게 블로그를 운영하거나 그동안 쌓아온 지식을 바탕으로 누군가를 가르칠 수도 있다. 좋아하는 일에 몰두하고 삶을 즐길 수 있는 환경이 갖춰진 것이다.

따라서 앞서 설명한 다면적인 중산층 기준은 노동 이후의 삶을 조망하고 즐기는 능력에 대한 질문으로 받아들일 때 가치가 있다.

"노동 이후 삶을 어떻게 살아갈 것인가?"

"온전히 자기 자신으로 살아갈 수 있는가?"

일을 한다는 것 역시 두 가지 층위의 효용을 갖는다. 첫째는 노동자로서 경제적 자립이 가능하다. 부모님이 편찮으시거나 결혼 등으로 돈이 필요할 수 있다. 일단 돈을 벌어 저축하고 투자하면서 먹고사는 문제를 해결해야 한다. 둘째는 취향을 가질 수 있다. 먹고사는 문제를 해결하는 것과 함께 직업 세계를 경험하면서 자신의 미적·문화적 취향을 찾아야 한다. '무엇을 위해 오늘을 사는가, 아름다움을 느끼고 바라는 일상인가'란 질문을 되물어야 한다.

직장인이라면 누구나 로또에 당첨돼 두렵고 불확실한 미래에서 벗어나고 싶어 한다. 하지만 그런 바람만큼 어떻게 살아갈 것인지에 대한 답도 마련해 두어야 한다. 중산층이 되고 상류층이 되어도 취향의 감각이 고장 나 있다면 결국 돈에만 반응하는 사람이 될 수 있다. 이미 부자라 할 만한 경제력을 갖고도 자신은 중산층이나 저소득층이라며 불만을 표출하고 불안에 떠는 것만큼 억울한 일이 있을까? 경제적 조건 외에 자기만의 취향을 가졌는지 물어야 하는 이유는 그 때문이다.

취향을 갖는다는 건 궁극적으로 자신이 무엇을 좋아하는 사람인지를 알고, 행복한 상황에 처했을 때 행복을 느낄 수 있는 능력이다. 이는 자기만의 아름다움 감지기와 행복 감지기를 갖는 일이다. 진짜 중산층이 된다는 건 바로 그런 의미다.

To-do List

20. 자기만의 취향 갖기

* 경제적 중산층을 넘어 문화적 중산층을 꿈꾸자.
* 타인의 욕망을 따르기보다는 자기만의 취향을 갖자.
* 고통뿐 아니라 행복에도 반응하는 삶을 살자.

너의 노동에
기대어 산다는 마음

소개팅을 나가거나 낯선 사람과 처음 만나면, 우리는 자연스럽게 직업을 밝히거나 명함을 건넨다. 직업을 소개하며 대화를 시작하는 관례는 누군가에게 은근히 불편하게 느껴질 수 있다.

"모임에서 자기소개를 할 때마다 무척 곤란해. 회사 다닐 땐 전혀 몰랐던 불편함이야."

퇴직한 선배는 사회적 타이틀이 없다는 게 이렇게 어색할 줄 몰랐다고 털어놓았다. 그는 타인을 만날 때 명함 한 장으로 그 사람의 정체성을 규정하고 있음을 회사를 나와서야 깨달았던 것이다.

그런데 이런 일은 의외로 흔하다. 데이팅 프로그램을 보면 처음에는 출연자의 외모와 태도를 판단 기준으로 삼는다. 하지만 그 사람의 직업이 밝혀지는 순간 전과는 전혀 다른 시각으로 평가하게 된다. 허여멀건 얼굴에 자신감 없어 보이던 사람이 전문직 종사자라고 하면, 어쩐지 유약함조차 지적으로 보이는 마법이 일어난다.

이처럼 직업과 명함에 적힌 타이틀은 그 사람에 대한 편견을 불러온다는 점에서 부정적인 면이 있다. 회사 규모나 연봉에 따라 무의식적으로 계급을 규정하는 것 같아 아쩔해질 때도 있다. 이런 풍토가 만연하게 되면 사회 문제로 이어질 수 있다. 구직과 채용 시장의 불균형이 그 대표적 사례다.

구직자 입장에선 워라밸과 고용 보장, 안정적 소득을 제공해주는 양질의 일자리를 원한다. 가정을 이루고 아이를 키우려면 많은 돈이 필요한 데다 직업이나 회사 이름으로 사람을 평가하는 사회 분위기를 감안하면, 이런 태도는 일견 당연해 보인다. 반면 기업 입장에서는 숙련되지 않은 노동자가 처음부터 높은 연봉을 요구하거나 쉬운 일만 찾는다고 생각할 수도 있다. 돈을 버는 일이란 원래 고통스러운 것이고, 치열한 경쟁에서 기업이 생존하려면 구성원의 열정과 희생도 필요할 때가 있는 법인데, 어떻게 완벽한 일터만을 바라냐는 것이다.

이처럼 일과 직업에 대해 논하다 보면 다양한 입장과 문제가 뒤섞여 제대로 된 판단이 어려워진다. 이런 이유로 전문가들은 결국 마법의 문장을 꺼내든다.

"구직과 채용 시장의 불일치는 구조적 문제입니다."

일자리의 구조적 문제

구조적 문제라고 하니 일견 맞는 말처럼 들린다. 단순한 입장의 차이가 아니라 구조적 틀에서 오는 문제라는 의견에 반대할 사람은 없어 보인다. 문제 해결을 위해서는 구조를 고쳐야 하는데 어디서부터 손을 대야 할까?

일단 경제 구조가 튼튼하다면 문제가 해결될 듯하다. 어디선가 석유나 희토류가 나온다면 그 돈으로 기업의 환경 개선과 직원 복지에 투자할 수 있고, 유망한 스타트업이나 기업을 지원해 양질의 일자리를 많이 만들 수 있다. 그런데 국가 차원에서 그런 로또를 맞았다는 소식은 아직 들리지 않는다.

우리가 잘할 수 있는 업종에 집중하여 경제 구조를 개선하면 어떨까 싶지만, 흥의 민족인 한국이 K-엔터테인먼트 산업을 이 정도 수준까지 발전시키는 데도 수십 년이 넘는 시간과 많은 투자가 필요했다. 인공지능(AI) 등 현재 유망한 미래 산업은 승자독식 경향이 강해 뒤쫓아가기도 버거운 상황이다. 결국 좋은 일자리를 만들고 기업의 구조를 개선하는 건 시간과 운이 필요한 일이기에 당장의 해법이 되기는 어려워 보인다.

이런 이유로 우리는 가망 없는 천연자원을 바라는 대신 사람을 교육하여 자원화하는 데 힘쓰고 있다. 이 과정에서 경쟁과 성과, 능력주의라는 엔진을 적극 활용했다. 그 결과 극심한 경쟁을 통과한 아이들은 대학에 진학하고 좋은 직업을 갖게 되면 자신의 능력과 노력으로 얻은 온전한 성과라고 여긴다. 반면 경쟁에 밀린 아이들은 개인이 처한 환경은 고려되지 않고 재능이 없거나 노력을 하지 않았기 때문이란 오해를 받는다. 이런 풍토는 노력에 따른 정당한 성과라는 오해, 소외되는 사람들에 대한 왜곡된 시각만으로 그치지 않는다. 이는 일과 직업을 계급이 존재하는 명품 소비처럼 만든다는 점에서 더 큰 문제점을 안고 있다.

명품을 소비하는 이유는 상품의 사용 가치나 중고로 팔 때 얼마를 받을 수 있다는 등의 교환 가치만으로 설명하기 어렵다. 명품은 그걸 착용한 사람이 경제적 여유가 있고 사회적 품격을 갖추었음을 보여주는 상징적 기호로서 가치를 지닌다. 마찬가지로 좋은 직업이나 누구나 알 만한 회사의 명함은 높은 소득을 과시하고 문화적 위신을 나타내는 사회적 면허증처럼 사용된다.

명품 소비와 닮은 이 같은 사회 구조의 배후에는 채워지지 않는 욕망이 자리하고 있다. 욕망이란 본디 끝이 없기에 아무리 명품 가방과 시계가 많아도 공허한 소비를 지속하게 된다. 마찬가지로 직업을 명품처럼 바라보고 서열 구조를 따지는 사회는 밑 빠진 독에 물을 붓듯 채워지지 않는 욕망을 따라 자꾸만 더 높은 서열을 바라고 다른 사람과 선을 긋게 된다.

문제는 이런 '구별 짓기'가 돈의 많고 적음에 따라 부자와 빈자로 계급을 나누는 데 그치지 않는다는 점이다. 사회학자 피에르 부르디외는 경제 자본뿐 아니라 문화 자본과 인적 네트워크 같은 사회 자본에 의해서도 다른 사람과의 구별 짓기가 이루어진다고 봤다. 특히 문화 자본은 학위나 학식뿐 아니라 교양, 취향, 언어 습관까지 포함하기에 경제 자본과 결합하여 계급 간 차이를 고착화한다고 말한다. 실제로 상류층 자녀들은 어릴 때부터 공기처럼 자연스럽게 문화 자본을 물려받기에 다른 사람과의 구별 짓기는 세대를 이어 강화될 수 있다.

구직과 채용 불일치 사회

사회에는 좋든 싫든 현실적인 계급이 존재하고, 교양·취향·학력과 같은 문화 자본은 의도하지 않아도 자연스럽게 대물림

된다. 그렇다고 단기적으로 복지 사회를 만들어 계급을 없애기도 어렵고, 교육제도를 개혁하는 것도 오랜 시간과 노력이 필요한 일이다. 명품을 고르듯 직업을 선택하는 풍토에서 벗어나기 위해서는 조작된 욕망을 떨쳐내려는 자의식이 필요하지만 반성적 성찰은 요원해 보인다. 이런 구조적 문제는 어떻게 고쳐나가야 할까?

칸트의 『도덕 형이상학을 위한 기초 놓기』에 나오는 보편화 시험처럼 '만약 모두가 그렇게 한다면?'이란 상상으로부터 시작하면 좋다. 만약 모두가 좋아 보이는 일자리만 원하는 사회라면, 좋은 직업을 차지한 소수를 제외한 나머지는 불행해지고 결국 근로 의욕을 잃게 될 것이다. 이때에도 선택받은 사람은 아랑곳하지 않고 돈으로 필요한 서비스와 상품을 일방적으로 누리려 할 수 있다. 그런데 우리가 누리는 대중교통과 치안, 행정, 다양한 상품과 서비스, 온갖 먹거리, 깨끗한 생활 환경은 하늘에서 떨어진 게 아니다. 고통이 상존하는 일터에서 사람들이 모여 생산한 것이다.

우리는 서로의 노동에 기대어 네트워크를 이루며 살고 있다. 그 물망의 어느 한쪽이라도 무너지면 사회는 제 기능을 다하지 못한다. 깨끗한 환경과 질서정연한 대중교통 문화, 빠르고 효율적인 행정 처리는 사라지고 혼란이 찾아올 것이다. 경제와 노동 공동체, 일터의 붕괴뿐 아니라 인구 역시 소멸의 길을 걷게 될 것이다. 선택받은 소수가 될 확률이 낮은 사회에서는 누구도 아이를 낳지 못할 것이다. 아이를 낳는다면 그 아이가 비주류로 분류될까 봐 늘 불안과 공포에 떨게 될테니 말이다.

사막으로 변한 사회에서는 아무도 노동을 교환하려 하지 않기에 아무리 돈이 많아도 시원한 콜라 한 잔 마음껏 마실 수 없다. 그처럼 참혹한 상황을 겪은 뒤에는 이제까지 우리가 당연한 듯 누리던 상품과 서비스가 어떤 원리로 제공되는지 깨달음을 얻는다고 해도 이전으로 되돌리기 어려울지 모른다.

서로의 노동에 감사하는 마음

늦은 밤 편의점에 들렀다. 덕분에 출출할 때 배를 채워줄 간식과 시원한 콜라를 살 수 있다는 생각에 그곳에서 일하는 아르바이트생에게 고마움을 느꼈다. 어슬렁거리며 밤길을 걷다 보니 벌써 청소차가 와서 쓰레기를 실어가느라 분주했다. 덕분에 주변이 깔끔해져 청소 근로자들에게 감사했다. 강아지와 함께 벚꽃이 핀 어둑한 길을 산책하는 평화로운 광경은 밤에도 환히 불을 켜고 일하는 경찰관과 소방관, 의료진 덕분이다. 집에 와서 따끈한 핫도그를 먹고 휴대전화로 유튜브 콘텐츠를 본다. '소확행(작지만 확실한 행복)'을 느끼게 해준 소시지 공장 근로자와 휴대전화 회사 직원, 크리에이터들에게도 감사했다.

그렇게 서로의 노동에 감사하는 사회가 될 때, 상대 직업에 대한 존중과 경외심이 살아날 때, 노동은 사회를 지탱할 신성한 힘을 회복한다. 직업의 귀천은 희미해지고 누구든 자기 능력과 취향에 맞게 직업 선택의 자유를 누리게 된다.

우리는 타인을 자신과 구분하고 지배하기 위해 지구에 온 게 아니다. 우리는 지구상에 단 하나뿐인 삶의 여행자로 이곳에 왔다. 이런 깨달음이 빠를수록 누릴 수 있는 자유는 늘어난다. 아이들은 학원 대신 놀이터에서 뛰어놀며 꿈꿀 수 있다. 힘들고 거친 노동 환경에서 일하다가 전문직에 종사할 수도 있고, 편한 직업을 포기하고 자기만의 꿈을 좇는 낭만도 얼마든지 가능한 일이 된다. 나이 들어 신체 능력이 쇠하고 AI가 번거로운 노동을 대체하는 미래가 와도 여전히 놀이로서 보람찬 일을 계획하고 창조할 수 있다.

우리가 당장 바로잡을 수 있는 건 거창한 경제 구조가 아니라 직업과 노동을 바라보는 마음의 구조다. 마음이 제자리를 찾으면 뒤틀린 직업과 노동, 인구 및 경제 구조도 자연스레 제 모습을 회복할 것이다.

우리는 서로의 노동에 기대어 살아간다. 이 단순한 원리를 깨달을 때 진심을 담은 웃음과 감사의 인사가 일상에 울려 퍼질 수 있다. 그러므로 일하는 사람을 만날 때면 주저하지 말고 따뜻하고 다정한 한마디를 건네보자. 서로의 고된 노동이 만들어낸 가치에 감사함을 표해 보자.

21. 상대의 노동에 감사하기

* 직업과 직함으로 사람을 규정하는 대신 서로의 노동에 감사하자.

* 세상은 서로의 노동에 기대어 사는 네트워크임을 기억하자.

* 따뜻하고 다정한 한마디를 건네는 것으로 사회 구조를 개선해 나가자.

즐기는 현직은
어떻게 찾아야 할까

조기 은퇴를 꿈꾸던 일본의 평범한 직장인이 밥과 국, 계란 말이만으로 끼니를 해결하며 40대 중반에 1억 엔 가까이 모으는 데 성공했다. 그러나 엔저 현상과 인플레이션으로 화폐 가치가 떨어진 탓에 그간의 검약한 생활이 헛수고가 됐다는 사연이 전해져 화제가 된 적이 있다. 안타깝게 여기는 이도, 혀를 끌끌 차는 이도 있겠지만 그는 제2의 직업만큼은 잘 찾았다고 볼 수 있다.

그는 소셜미디어에 꾸준히 자신의 이야기를 올려 화제를 모았고, 구독자를 기반으로 책을 써서 작가가 됐다. 게다가 일본은 물론 한국에까지 사연이 알려졌으니 훌륭한 마케팅을 한 셈이다. 뒤이어 강연과 저술, 사업 기회도 열리고 든든한 금융 자산까지 얻었다. 이만하면 그는 제2의 직업 찾기에 성공했다고 볼 수 있지 않을까?

무엇보다 그의 성공담에서 주목할 점은 은퇴 자금에 대한 현실적 시각을 제공해 준다는 것이다. 1990년대 미국에서 시작돼 한국에서도 유행한 파이어족의 첫 번째 관심사는 '얼마나 모으면 될까?'였다. '조기 은퇴 자금 = 일 년 생활비×25년분'이란 그럴듯한 계산법도 나왔다. 1인 가구를 기준으로 일 년 생활비로 4천만 원을 설정한다면 총 10억 원이 필요하다. 그렇다면 10억 원은 어느 정도의 돈일까?

한국은행과 통계청 등에 따르면, 한국에서 10억 원 이상 순자산을 보유한 가구 비율은 10% 정도에 불과하다. 반면 나란히 줄을 세웠을 때 중간을 의미하는 중간값은 2억 원 중반 남짓이다. 1인 가구도 많으니 개인 기준으로도 살펴보면, 성인 1인당 보유 자산의 중간값은 1억 원 초중반 수준이다. 이래저래 10억 원이란 돈을 모으기란 녹록지 않다는 이야기다.

어찌어찌 열심히 모아서 10억 원을 만들었다고 치자. 이 금액을 어떻게 유지할 수 있을까? 일단 10억 원을 투자해 4~5%의 꾸준한 수익률을 올리고, 그렇게 얻은 연 4천만 원 정도의 수익을 생활비로 사용하면 된다. 이게 말처럼 쉬울까? 손해 없이 연간 4~5%의 꾸준한 수익 창출도 매우 어렵지만 인플레이션, 화폐 가치 하락도 문제다. 나라마다 열심히 돈을 찍어내는 상황에선 일본 직장인의 한탄처럼 은퇴 자금은 몇 년만 지나도 그 가치가 반토막이 날 가능성이 크다.

이렇게 따지다 보면 100억 원 이상의 자산가가 아닌 다음에야 선택은 뻔하다. 우리는 쉬지 않고 일하며 늘 현직이 되어야 한다. 다만 버티는 현직이 아니라 즐기는 현직이 되어야 한다.

제2의 직업 찾기

즐기는 현직은 지금 다니는 회사를 즐겁게 다니는 행위를 의미할 수도 있지만, 그보다는 자신의 취향과 적성에 맞는 제2의 직업에 더 가깝다. 현재 다니는 회사가 만족스럽더라도 풍랑을 만난 배처럼 언제든 상황이 변하기 마련이다. 게다가 정년을 고려하면 언젠간 제2의 직업을 찾아야 한다.

자신에게 맞는 제2의 직업은 어떻게 찾아야 할까? 노트를 펼치고 내년부터 하고 싶은 일과 직업, 가장 이상적이라고 생각되는 현직을 90세까지 써본 적이 있다. 나만 보면 되니 눈치볼 필요도, 현실성을 의심할 필요도 없었다. 이런 일을 하고 살면 재밌을 것 같다는 희망을 담아 가벼운 마음으로 써 내려가는 과정에서 놀라운 사실을 발견했다.

첫째, 시간이 정말 많이 남아있었다. 마흔이 넘고 오십이 넘은 사람은 자신의 직업적 커리어가 끝물이라 생각하기 쉽다. 그런데 기대수명을 90세로 보면 겨우 삶의 중반부에 이르렀을 뿐이다. 은퇴 연령인 60세가 됐을지라도 앞으로 매년 채워나갈 제2의 직업, 즐기는 현직으로 살 수 있는 날이 20년은 족히 남았다. 당장 새로운 일을 배우고 시작해도 두 번째 직업을 찾아서 일할 시간은 충분하다.

둘째, 내가 진정 원하고 즐길 수 있는 직업을 구체화할 수 있었다. 서른 개 가까이 하고 싶은 일과 직업을 써 내려가다 보니 어떤 공통점이 보였다. 그중 내 능력과 경험을 활용하여 도전할 수 있는 현실적 직업군을 추려낼 수 있었다. 그렇게 찾은 제2의 직업을 손에 넣을 방법을 연도별로 다시 정리하면서 구체적인 계획을 세울 수 있었다.

셋째, 제2의 직업은 가급적 현직일 때 준비해 둬야 한다는 사실을 깨달았다. 누구나 퇴직하면 일단 쉬면서 이것저것 찾아보겠다고 생각한다. 모아둔 돈으로 부동산을 사놓고 쉬엄쉬엄 일하겠다는 계획도 마찬가지다. 퇴직 후에는 투자를 앞두고 자신감이 떨어지기 마련이다. 실패는 경제적으로 돌이킬 수 없기에 규모가 작은 부동산 계약조차 망설이게 되고, 과감한 투자를 기피하게 된다.

건물주가 되고 싶다면 임대업자의 삶을 미리 경험해 봐야 하고, 전업 투자자가 되고 싶다면 일단 투자를 시작해서 폭락 장에서도 원금을 지킬 수 있는 노하우와 자기만의 투자 철학을 갖춰야 한다. 직장을 다니며 제2의 직업까지 찾는다면 하루하루가 매우 피곤할 것 같지만, 원하는 일을 상상하며 계획을 짜다 보면 도리어 신이 난다. 제2의 직업 찾기는 긴장감과 의무감에 떠밀려 하는 고된 노동이 아니라 진짜 일을 찾는 흥미진진한 탐색의 과정이기 때문이다.

작은 실천에서부터 시작하기

앞서 소개한 1억 엔을 모은 일본 직장인의 훌륭한 점은 목표가 분명하고 직접 시도해 봤다는 데 있다. 목표를 세우고 이를 실천한 사람은 결과가 어떻든 삶의 주도권을 되찾았다는 사실만으로도 자신감을 얻게 된다. 월급도 때가 되면 나오는 생활비가 아니라 제2의 직업을 위한 투자금과 자본금 개념으로 바뀌게 된다. 목표 달성을 위해 노력하는 과정에서 아이디어가 떠오르고 몸을 움직이기에 더 많은 기회를 얻게 된다.

일단 시작하게 되면 지루한 일상이 갑자기 실천이라는 '과정'에 들어서게 된다. 사람은 늘 결과를 원하는 것처럼 보이지만 실제로는 과정을 즐기도록 설계돼 있다. 우리는 가판대에 놓인 과자와 가방, 도자기처럼 성공이란 결과가 완제품 형태로 깔끔하게 와주길 꿈꾼다. 조기 은퇴하고 여행을 다니는 삶, 건물주가 되거나 통창이 달린 멋진 집을 사서 여유롭게 와인을 즐기는 삶 등등. 하지만 유튜브만 봐도 완성품 자체를 보여주는 콘텐츠는 인기가 없다. 오히려 기계가 철컥철컥 돌아가면서 과자가 만들어지고, 공예가가 가죽을 자르고 두꺼운 바늘로 꿰매며, 도공이 물레를 돌리면서 도자기의 형태가 만들어지고 가마에서 구워지는 과정을 담은 콘텐츠가 더 인기가 있다.

내 주변에도 돈을 절약해 재산을 모으는 '짠테크'를 실천한 사람이 있다. 그는 커뮤니티에 가입하여 절약하는 법을 공유하고, 회원들에게 격려를 받으며 천 원짜리 한 장 허투루 쓰지 않았다. '저렇게 너무 아끼며 살면 스트레스를 받지 않을까?'라는 내 생각은 오해였다. 얼마를 모으겠단 목표와 오늘 아낀 액수만큼 목표에 몇 걸음 더 다가갔음을 아는 삶은 관성적으로 소비하는 삶보다 훨씬 더 활기찼다. 목표 달성을 위해 노력하는 과정에는 지극히 건강한 즐거움이 깃들어 있었다.

제2의 직업을 찾기 위해 목표를 세우고 실천하는 과정은 재미도 있지만 대단한 노력이 필요하지 않다는 장점도 있다. 당장 퇴근길 문구점에서 마음에 드는 노트를 공들여 골라 보자.

그다음엔 필기감이 좋고 자신의 필체와 어울리는 좋은 펜 혹은 만년필을 사자. 집에서 혼자만의 조용한 공간을 찾아도 좋고, 유리창 너머로 밖이 보이는 카페에 가도 좋다. 구석진 자리에 앉아 깨끗한 노트를 펼치면 준비는 끝났다.

올해부터 시작하여 90세까지 연도를 죽 적어보자. 그런 다음 연도 옆에 매년 하고 싶은 일을 생각나는 대로 메모해 본다. 구체적인 직업도 좋고 특정한 회사의 직함이어도 상관없다. 하고 싶은 일이 떠오르지 않는다면 자신이 행복감을 느낄 수 있는 가장 이상적인 광경을 묘사해도 좋다. "65세에는 이탈리아 북부의 코모 호수 근처에서 조깅하고, 오후에는 그림을 그리고 싶다"라고 말이다. 이 과정이 끝나면 다음 페이지에 내일부터 할 일을 적어본다. 인근의 미술학원을 알아보거나 여행 관련 서적을 주문하는 것도 괜찮다. 핵심은 어처구니없이 작은 일이라도 좋으니 일단 뭐라도 해보는 것이다.

마지막으로 할 일은 실천의 과정을 다른 사람이 볼 수 있는 공간에 올려 공유하는 것이다. 소셜미디어나 블로그도 좋고 여건이 허락한다면 유튜브나 팟캐스트도 좋다. 플랫폼을 활용하면 언제든 기록할 수 있을 뿐만 아니라 다른 사람이 볼 수 있다는 생각에 좀 더 진지하게 실천 과정에 임할 수 있다. 가끔 비슷한 꿈을 가진 사람이 방문해 응원의 한마디를 남기기라도 하면 의외로 큰 힘이 된다.

완성형 삶에서 과정형 삶으로

즐기는 현직 찾기는 죽을 때까지 일하자는 선언이 아니다. 월급과 돈이 우선하던 직업관에서 벗어나 자신이 세상에 태어나 하고 싶었던 일을 삶의 최우선 순위에 올려놓자는 것이다. 완성품만 요구받는 삶에서 벗어나 과정의 즐거움을 느끼는 삶을 꿈꿔보자. 준비 과정의 설렘, 작은 시작이 가져오는 변화의 기쁨을 누려 보자. 삶은 화성행 로켓을 만드는 대단한 꿈이든, 계란말이를 예쁘게 만드는 꿈이든 아이가 첫걸음을 내디딜 때의 감동을 예비해 놓고 있다. 남은 삶을 위해 지금부터 준비하고 꿈꾸는 훈련을 시작해 보자.

To-do List

22. 과정형 삶 탐색하기
* 노트를 펼쳐 제2의 직업 연표를 그려보자.
* 공개된 플랫폼에 목표 달성 과정을 기록하고 공유하자.
* 생계를 위한 완성형 직업관에서 삶을 위한 과정형 직업관으로 전환하자.

정신과 육체,
일과 놀이의
균형을 찾아서

"AI가 오늘부터 당신의 노동을 대체하여 부가가치를 생산할 예정입니다. 당신은 사규상 은퇴 시점까지 AI에게 일을 제공한 대가로 현재의 급여를 받게 됩니다. 축하합니다! 드디어 지긋지긋한 노동에서 해방된 것입니다."

어느 날, 회사에 가서 컴퓨터를 켰더니 이런 메시지가 와 있다면 기분이 어떨까? 당장 아내와 어깨를 맞잡고 강강술래를 할 것이다. 과연 인간의 노동이 사라지는 날이 올까?

가짜 노동 사회

일이 사라질 가능성부터 살펴보자. 산업혁명 이후 많은 영역에서 기계가 인간의 노동을 대체해 왔다. 가사 노동만 해도 번거로운 일은 기계가 도맡아 하는 세상이 된 지 오래다. 내 경우 삶의 질을 올리는 가전 삼총사인 건조기와 식기세척기, 로봇청소기를 들인 이후 가사 노동이 현격히 줄었다. 가사 노동과 관련해 하드웨어와 소프트웨어 기술이 이 정도로 혁신이 됐다면 번잡한 회사 일도 줄어들어야 마땅하다. 그런데 여전히 직장인들은 호박벌처럼 붕붕 대며 하루 8시간 넘게 일한다. 회사 일이 가사 노동과는 달리 좀처럼 줄어들지 않는 이유는 무엇일까?

인류학자 데니스 뇌르마르크(Dennis Nørmark)와 아네르스 포그 옌센(Anders Fogh Jensen)의 공저서 『가짜 노동』에 따르면, 경제학자 존 메이너드 케인스는 2030년이 되면 주당 평균 노동 시간이 15시간에 불과할 것으로 예상했고, 철학자 버트런드 러셀 또한 하루 4시간 노동이 합리적이라고 주장했다. 혁신적 기계가 등장한 만큼 노동 시간이 줄어드는 건 당연한 흐름처럼 보인다. 그럼에도 불구하고 직장인이 여전히 강도 높은 노동에 시달리는 이유에 대해 저자들은 하지 않아도 되는 가짜 노동을 하거나 스스로 일을 만들어 몰입하기 때문이라고 주장한다.

AI와 로봇이 출현한다면 이 같은 노동의 구조가 달라질까? 일부는 사라지는 일자리만큼 새로운 AI 관련 직무가 생겨날 것이라 낙관하지만, 현실은 단순하지 않다. AI는 단순 공정을 반복하는 기계와는 다르다. 실제로 미국에서는 생산직뿐 아니라 사무직, 심지어는 가장 늦게 영향을 받을 것으로 예상되던 영상과 이미지, 대본 등 문화예술 콘텐츠 영역마저도 AI 기술로 빠르게 대체되면서 위기감이 고조되고 있다. 이에 대한 대응 방안 중 하나로 AI나 로봇 기업에서 거둔 세금으로 기본소득을 제공하자는 논의도 꿈틀대고 있다.

AI로 인해 일자리가 사라지든, 그 대가로 기본소득을 받게 되든, 유사 이래 처음으로 인간이 노동과 결별하는 미래가 올 가능성이 커지고 있는 셈이다. 서두에서 소개한 가상의 이야기가 아예 허황된 상상은 아니다.

AI 시대, 창의성이 필요할까

어떤 방식으로든 노동 시간이 줄고 그만큼 여가 시간이 늘어나면 제2의 직업을 놀이처럼 병행하거나 늘어난 여가 시간을 활용하여 취미를 전문가 수준으로 즐기는 현상이 일반화될 수 있다. 그렇게 되면 '워라밸'을 대신해서 '일과 놀이의 균형

(Work-Play Balance)'이란 개념이 등장할지 모른다.

여기서 말하는 일과 놀이의 균형은 단순히 적당히 일하고 논다는 뜻이 아니다. 생계를 위한 노동을 마친 뒤 자율적이고 창의적이며 자발적인 활동을 개발하여 삶의 만족도를 높이는 것을 뜻한다. 이를 통해 생계용 직업과 놀이용 직업이 큰 바퀴와 작은 바퀴처럼 굴러간다면, 삶의 질은 높아지고 인간은 가짜 노동에서 해방될 것이다.

이렇게 말하면 어차피 창의적인 일도 AI가 할 것이므로 그런 활동은 취미 생활에 불과할 뿐 경제적 생산성이 없다고 반문할 수 있다. 이는 언뜻 일리가 있어 보이는 말이지만, 창의력을 발휘하려면 AI도 방대한 데이터 학습이라는 공부가 필요하다. 최근에는 저작권 침해나 데이터 불법 수집 등의 법적 문제로 인해 AI를 위한 학습 데이터 확보 자체가 어려워지고 있다. 자금력이 충분한 빅테크 기업이 아닌 이상, 데이터를 도용하거나 품질이 낮은 데이터를 수집하여 AI를 학습시키게 될 가능성이 크다. 이 과정에서 가장 우려되는 점은 그런 저품질 데이터의 상당수가 AI가 생산한 2차 생성물이라는 사실이다. AI가 저품질 데이터를 활용하여 학습을 하게 되면 복사한 것을 다시 복사하는 과정에서 사본 열화가 생기듯 '모델 붕괴' 현상이 발생할 수 있다.

이 같은 현상은 이미 2000년 전에 철학자 플라톤이 예견한 바 있다. 그는 원본인 이데아가 따로 존재하고, 우리가 사는 현실은 그림자에 불과하다고 보았다. 그런 논리라면 길에 핀 장미는 이데아 세계에 있는 완벽한 장미의 복사본이고, 이 장미를 그린 화가의 그림은 복사본의 복사본이 된다. 원본에서 멀어질수록 진실성은 희미해진다. 이런 이유로 플라톤은 시인을 추방하자고 주장했다.

오늘날의 상황도 별반 다르지 않다. 인간의 현실은 AI에게 이데아에 해당한다. AI가 창의성을 유지하려면 인간이 계속해서 의미 있는 원본을 창조해야 한다. 미래가 반드시 이런 시나리오대로 흘러간다고 장담할 수는 없지만 한 가지는 분명하다. 인간에게 창조하지 않는 신은 더 이상 신일 수 없듯, AI에게 창조하지 않는 인간도 더 이상 창조주일 수 없다. 인간이 AI 시대에 존재의 주체로 남으려면 가짜 노동을 버림과 동시에 더 창의적인 일에 몰입해야 한다.

몸을 쓰는 노동과 머리를 쓰는 노동의 균형

도구를 사용하는 인간을 뜻하는 호모 파베르(Homo Faber)는 창조하는 존재란 뜻을 담고 있다. 인간 능력을 설명하는 개념이자 존재 방식을 가리키는 표현이기도 한 창조를 잘하려면 어떻게 해야 할까?

가장 확실한 방법 중 하나는 지금 하는 일과 정반대되는 활동에 도전해 보는 것이다. 스탠퍼드대학 연구에 따르면, 그냥 앉아 있을 때보다 몸을 움직일 때 창의적 사고 능력이 평균 60%가량 향상됐다. 실제로 아리스토텔레스는 깊은 사유를 할 때면 산책을 했다. 그가 속한 유파가 '걷는 사람들'이라는 뜻의 소요학파로 불린 것도 이 때문이다.

아리스토텔레스뿐 아니라 많은 창작자도 이 사실을 직감적으로 알고 있었다. 하루키는 매일 러닝을 하는 것으로 유명하고, 미켈란젤로 또한 조각칼을 들고 예술적 사유와 육체노동을 동시에 수행하며 걸작을 완성했다.

오전에 했던 일이 지적 노동, 사무직 업무였다면 오후에는 빵을 굽거나 요리를 하는 등 몸을 사용하는 일을 시도해 보는 게 좋다. 반대로 기술직이나 서비스업에 종사하며 몸을 많이 움직이는 직업을 가진 사람이라면 글쓰기를 하거나 피아노 연주, 그림 그리기 등을 시도하면 더 창조적인 삶을 살 수 있다.

주변에서 보면 쉬는 기간을 이용해 목수 학교에 등록하거나 학원에서 악기를 배우거나 아마추어 스포츠 대회에 출전하는 사람들이 훨씬 더 창조적인 삶을 살고 있다. 정신과 육체를 균형 있게 활용하는 노동을 통해 우리는 원본을 창조하는 호모 파베르로서 살아갈 수 있다.

AI가 우리를 어떤 미래로 안내할지 현재로서는 알 수 없다. 하지만 놀이를 죄악시하고 가짜 노동에 몰입하던 과거의 관념은 점차 사라질 가능성이 크다. 대신 AI가 학습할 수 있는 원본 데이터를 생산하는 행위, 즉 창조적 활동의 중요성이 산업적 필요에 의해 더욱 강조될 수 있다. 생산성이라곤 전혀 없는 줄 알았던 놀이가 창조의 원동력이 되고, 이데아를 만든다는 사실을 체감할 날이 다가오고 있다.

이제 생계를 위한 큰 바퀴뿐 아니라 유희의 정신이 담긴 작은 바퀴도 함께 굴려 보자. 정신과 육체, 일과 놀이의 균형을 유지하자. 그것이야말로 노동의 패러다임 전환기에 필요한 최선의 대응이 될 것이다.

To-do List

23. 창조적 놀이로 AI 시대 준비하기

* 생계를 위한 일과 유희를 위한 일을 병행하며 미래를 대비하자.
* 일과 놀이의 밸런스가 중요한 시대, 지적 노동과 육체 활동의 균형을 찾자.
* AI 시대, 원본을 만드는 창조자가 되자.

모두가 서로의 노동에
빚지고 있다

"남의 돈 벌기가 그렇게 쉬운 줄 알았어?"

예전에는 이런 무례한 말이 흔했다. "고객은 왕이다"라는 말은 또 어떤가. 이런 말들의 이면에는 "내가 힘들게 번 돈을 내어주는 셈이니 귀한 대접을 받아야 한다"라는 뜻이 담겨 있다.

이상한 건 우리가 편의점에서 맥주 한 캔을 사서 나올 때조차 이렇게 말한다는 점이다. "고맙습니다!" 돈을 번 건 편의점 사장인데, 대체 뭐가 고맙다는 걸까? 친절한 서비스는 돈 버는 사람들의 당연한 의무일 텐데 말이다. 이 질문에 답하기 위해서는 수십만 년 전 인류의 기원으로 거슬러 올라가야 한다.

초기 인류는 맹수를 물리치고 동물을 사냥할 때 혼자보다 여 럿이 함께하면 더 유리하단 사실을 알았다. 사람들은 작은 공동 체를 이뤄 모여 살기 시작했다. 그 작은 사회 안에서도 사람마 다 특별한 재주가 하나씩 있었다. 날쌘돌이는 운동 신경이 좋아 사냥을 잘한다. 토닥토닥은 세심하게 아이를 잘 돌보고, 뚝딱이 는 집을 잘 짓고 도구를 척척 만든다. 멀리봐는 날씨를 기막히 게 잘 맞힌다. 날쌘돌이가 사냥을 나갈 땐 멀리봐가 날씨를 예 보해 준다. 뚝딱이가 집을 지을 땐 토닥토닥이 마을 아이들이 다치지 않도록 돌봐준다. 그 대가로 날쌘돌이는 사냥한 고기를 나눠준다. 원시 공동체는 그렇게 유지될 수 있었다.

현대 사회에서도 노동의 교환이란 기본 원리는 바뀌지 않았 다. 편의점 사장님이 내 돈을 가져간 것처럼 보이지만 실제로 는 돈으로 표현된 나의 노동과 편의점 사장님의 노동이 교환된 것이다. 원시 사회에서 누군가가 사냥하는 동안 다른 누군가는 아이를 돌보고 집을 지었던 것처럼, 지금도 누군가는 맥주를 만들고 다른 누군가는 동네 편의점에서 이를 팔고 있었기에 우 리가 시원한 맥주를 마실 수 있는 것이다.

돈이 아무리 많아도 다른 이가 바꿔주지 않으면 소용이 없 다. 그런 의미에서 기꺼이 교환에 응해준 사람에게 고맙다고 말하는 건 자연스러운 일이다. 이렇게 보면 돈이 누구 주머니로 들어가고 누가 왕이고 따위가 중요한 게 아니다. 중요한 건 모두가 서로의 노동에 빚지고 있다는 사실이다. 그렇게 생각하면 지금 지겨워하며 하는 일도 누군가에겐 가치 있고 필요한 일임을 깨닫게 된다.

그럼에도 불구하고 우리는 일터에서 "아무런 쓸모없는 이 짓을 언제까지 해야 하는 걸까?"라고 읊조리곤 한다. 사람들이 가치가 있다고 주장해도 대다수 직장인은 자신이 하는 일이 보람도 없고 무익하다고 느낀다. 이유가 무엇일까?

오염된 노동의 신화

이 질문에 대한 답은 플라톤의 『국가』에서 찾을 수 있다. 플라톤은 이상적인 국가 체제가 유지되려면 생산자 계급과 수호자 계급, 통치자 계급, 즉 노동의 역할 배분과 계급화가 필요하다고 생각했다. 이 중 생산자는 사회적 인프라를 담당하는 계층이기에 일 자체가 고될 수밖에 없다. 모두가 잠든 새벽에 일어나 농사를 짓거나 매캐한 연기를 마시며 대장간에서 농기구를 만들어야 한다. 때로는 차가운 시장 바닥에 앉아 종일 물건을 팔아야 한다. 딱히 명예와 권력도 따라오지 않는다.

애초에 사회가 굴러가는 데 꼭 필요한 일일수록 대부분 꺼리는 일이다. 자연스럽게 자기 일에 불만이 있거나, 다른 계급으로 이동하고 싶어 하는 이가 생겨난다. 이에 대해 플라톤은 신화 체계를 발명해 계급을 고정할 수 있다고 주장했다. 태생부터 금, 은, 동 혹은 쇠수저로 나누어져 있었다는 신화를 오랜 기간 주입하면 처음엔 안 믿어도 언젠가는 믿게 되리라는 것이다. (맙소사!)

그렇다고 플라톤을 미워하진 말자. 그의 사고 실험 덕분에 우리는 모두가 꺼리는 일이야말로 사회를 유지하는 데 꼭 필요한 근간임을 깨달았으며, 신화를 가장한 선전 구호에 넘어가지 않고 정신을 바짝 차리게 하는 예방주사가 됐으니 말이다. 그럼에도 불구하고 누군가는 "신화라고? 그런 허술한 말에 넘어가는 사람이 있겠어?"라고 반론을 제기할지 모른다.

'일하지 않는 자, 먹지도 말라'라는 익숙한 격언에 담긴 메시지는 어떨까? 과거로부터 이어진 노동 관념이 신화처럼 깃들어 있다고 느껴지지 않는가? 인간은 노동으로 자신을 증명해야 하며 고행하듯 성실하게 일하는 게 올바른 가치관이란 신화는 이처럼 깊은 뿌리를 갖고 있다. 이런 사상은 이제까지 인간이 걸어야 할 마땅한 길이자 이상적인 삶으로 제시되어 왔다.

"사람 구실을 하려면 자고로 열심히 일해야지."

"눕는 건 관에 들어가면 실컷 할 수 있어."

이런 말들은 우리 사회에서도 익숙한 노동관이다. 덕분에 사람들은 가치나 취향 따위 따질 겨를도 없이 학교를 졸업하면 무언가에 홀린 듯 직장에 들어가, 매일 8시간 이상 자리를 지키며 일에 몰입한다. 플라톤이 언급한 노동의 신화가 여전히 잘 작동되는 게 아니고 무엇이란 말인가?

이런 노동의 신화 덕분에 일하는 보람에 대해 생각하고 도전할 기회는 포말처럼 사라졌고, 노동 생산성도 떨어졌다. 회사엔 '성실과 열심'이란 태도만 남은 사람들이 좀비처럼 우글댄다. 신화에 오염된 노동엔 가치가 없기에 보람을 느낄 수 없다. 무엇보다 성실과 열심만을 강조하는 노동에 몰입할수록 우리는 더 무기력해진다.

진짜 일에서 소외된 사람들

성실과 열심이란 태도만 남은 노동의 문제는 경제학자이자 철학자인 칼 마르크스가 언급한 '소외' 개념과도 깊이 연관돼 있다. 전근대적 수공업 시대의 제화공은 열흘 동안 뚝딱거려 구두를 완성한 뒤 일의 기쁨을 누렸다.

'내가 만든 신발을 신고 뛰어다니는 아이들을 보면 행복해.'

그런데 자본주의 체제 속에서 기계가 도입되고 철저히 분업화된 공정이 시작됐다. 찰리 채플린의 영화 〈모던타임스〉가 풍자한 것처럼 하루 종일 나사만 돌리는 직업이 일상이 돼버렸다. 신발 공장만 해도 깔창 자르는 사람, 신발 끈 만드는 사람, 고무 생산하는 사람, 생산량을 입력하는 사람, 완성된 신발을 가져다 파는 사람 등으로 분업화가 됐다. 이런 구조에서는 하루 종일 밑창만 자르던 노동자가 완성된 구두를 보며 자신이 만들었다는 만족감을 느끼기란 쉽지 않다.

마찬가지로 기업의 인사팀에서 일하는 사람이라면, 신입 사원이 입사하면 자신이 뽑은 사람이 사회인으로서 첫발을 내딛는 데 기여했다며 보람을 느껴야 한다. 하지만 채용 업무 역시 세분화되어 있다 보니, 모집 공고 포스터를 디자인하고 게시하거나 지원 서류를 분류해 엑셀 파일로 정리하던 사람이 훌륭한 인재를 뽑았다며 일의 보람을 느끼긴 어렵다. 효율만을 강조하는 현대의 노동은 업무를 파편화하고 일의 보람과 가치 역시 산산이 공중에 흩뿌리며 사람을 소외시키는 것이다.

건강하지 못한 몰입

예전에 두꺼운 색상 견본 책자를 빤히 들여다보고 있는 동료에게 이유를 물은 적이 있다. 그는 보고서에 넣을, 눈에 띄는 그래프 색깔을 고르고 있다고 답변했다. 이게 그만한 가치 있는 일인지 의문이 들었지만, 보고서의 가독성을 높일 수 있다는 점에서 의미 있는 일이 될 수 있다고 여겼다. 하지만 모든 일이 이런 식으로 이루어진다면, 그 사람은 더 이상 견디기 힘든 순간이 올 것이다.

'신은 디테일에 숨어 있다'란 격언을 떠받들며 몰입을 강요받다가 숲을 보기도 전에 탈진하는 사람을 주변에서 너무나 많이 봤다. 그런 디테일이 일종의 능력으로 숭상받는 사회는 감히 여유나 숲을 말하기 어렵다. 이데아를 닮은, 불가능한 완성을 지향하는 사이에 스트레스는 폭증하고 일의 보람과 가치는 사라질 것이기 때문이다.

"일의 보람이라고? 무슨 뚱딴지같은 소리지?"

"자원도 없는 나라에서 남처럼 쉬엄쉬엄 일하면 우리 회사, 우리 경제는 망한다고!"

무책임하게 일하자는 게 아니라 몰입할 수 있고 일의 가치를 되살릴 수 있는 방법을 찾아보자는 말이다. 노동을 단지 소비의 대상으로 여기는 사회에서는 상대의 수고로움에 대한 감사와 존중을 찾아볼 수 없다. 동전을 넣으면 음료수를 떨구는 자동판매기처럼 노동이 기계적으로 소비된다면 누구도 일에서 만족감을 느끼지 못할 것이고, 서로를 냉정하게 지배하고 착취하게 될 뿐이다. 이런 사회가 되지 않으려면 우리는 당장 무엇을 해야 할까?

의식적으로 깨어있는 삶

작가 알베르 카뮈는 『시지프 신화』에서 매일 출퇴근하며 격무에 시달리는 존재를 그리스 신화에서 돌을 굴리는 시지프에 비유한다. 매번 굴러떨어지는 바위를 보며 시지프는 크게 좌절하지만, 터덜터덜 언덕을 내려가며 의식이 깨어난다. 그 순간 구원의 빛이 반짝인다. 신의 진짜 형벌은 노동 그 자체가 아니라 '끝없고 부조리한 무의미'였던 것이다. 이 사실을 알아차리고 의식적으로 깨어있는 삶에 이른 시지프는 기꺼이 다시 돌을 굴림으로써 신의 형벌을 무위로 돌아가게 만든다. 의식적으로 깨어있는 삶이 진정한 저항이 되는 순간이다.

오염된 노동의 신화에 빠진 사회, 일의 보람과 가치에서 소외된 노동자, 엉뚱한 일에 몰입하는 일터를 개선하려면 우리도 의식적으로 깨어있어야 한다. 최초의 노동은 자신의 생존을 위한 행위인 동시에 타인을 위한 행위였다. 휴식을 죄악시하고 성실과 열심만을 강요하는 노동의 신화에서 빠져나오기 위해 우리는 서로를 흔들어 깨워야 한다.

일의 본질은 서로에게 노동을 빚지고 그 빚을 갚으며 살아가는 데 있다. 사랑하는 존재와 가족을 위해 노동한 나는 또한 너를 위해 일한 것이기도 하다. 좋은 사회란 서로의 존재에 대한 고마움을 아는 집단이자 부조리함과 무의미함을 넘어서고자 하는 고귀한 저항의 연대다.

그곳에서 일하는 당신은 더 나은 세상을 만드는 데 일조했다고 자부해도 좋다. 당신이 있었기에 노동의 교환이 일어날 수 있었다. 그렇게 서로의 노동에 대한 고마움을 아는 사회는 바닥으로 떨어질 수 없다. 편의점 아르바이트생에게, 음식 배달 기사에게, 얼굴은 모르지만 자주 통화하는 거래처 담당자에게, 애프터서비스를 해주는 수리기사에게 친구의 어깨를 토닥이듯 다정하게 이런 말을 건네보자.

"오늘도 수고하셨습니다."

"감사합니다."

To-do List

24. 서로 기대고 있음을 깨닫기

* 일이란 자신과 타인의 노동을 교환하는 것인 동시에 가치의 연결임을 깨닫자.
* 일하는 사람끼리의 고마움과 격려의 연대가 더 나은 사회를 만든다.
* 일하는 사람들에게 마음을 담아 '감사합니다'란 인사를 건네자.

이만하면
괜찮은 출근

동네 내과에서 진료를 받는데 시니컬한 의사 선생님께서 최근 생활에서 무언가 바뀐 게 있는지 물어왔다. 일이 좀 바빠졌다고 했더니 알겠다는 듯 고개를 끄덕이며 말했다.

"회사는요, 건강에 해로워요."

'저도 알지만, 어쩌라고요?'라는 마음이 들었다. 회사가 건강에 해로운 건 명확한데, 당장 그만둘 수도 없는 노릇이니 마땅한 처방이 없는 셈이다.

확실히 회사는 흡연과 음주만큼 건강에 해롭다. 완벽을 요구하는 업무와 까다로운 인간관계, 그로 인해 쌓여가는 피로와 스트레스…. 그럼에도 불구하고 우리는 사회인으로 인정받기 위해 매일 이를 악물고 출근한다. 어느 정도 시간이 지나 생활에 익숙해지면 또 당연하다는 듯 일과 일터를 미워한다. 그런데 누군가를 미워하기에 앞서 회사가 과연 나쁘기만 한 존재인지 진지하게 생각해 볼 필요가 있다.

건강엔 해롭지만 좋은 점도 많은 곳

태어날 때부터 완벽한 성품을 타고나는 사람은 없는 법이다. 우리는 타인과 교류하고 부대끼며 한 사람의 인격체로 완성되어 간다. 그런 면에서 회사는 고양이 수염처럼 예민한 사람조차 집 안에서 끌어내 타인과 함께 어울리게 해준다. 무례한 사람을 만나게 해 저렇게 살면 안 된다는 점을 터득하게 해준다. 다양한 유형의 사람을 접하게 해 그 특성에 따라 적절히 대처하게 해준다. 결국 사회생활이란 연극용 가면을 쓰고 연기하는 일임을 깨닫게 해준다.

이런 일은 불편하고 두렵기 그지없다. 가장 좋은 건 온실 속 화초처럼 사는 삶이지만, 그런 행운을 가진 사람이 지구상에 몇이나 될까. 어차피 이불 밖 세상으로 나가야 한다면 일을 하면서 돈도 벌고 고통을 분산하는 게 더 낫다. 회사는 일한 대가로 월급을 지급해 우리에게 독립적인 사회인으로 살아갈 기회를 준다. 실제로 이삼십 대가 되고 사회생활을 시작할 즈음이면, 보살핌을 받던 대상에서 베푸는 대상으로 처지가 바뀌면서 돈이 필요한 일이 많아진다.

'부모님께서 그간 고생하셨으니 건강히 남은 인생을 즐기면서 사시면 좋을 텐데….' 이런저런 개인적인 바람에 발목을 잡히다 보면, 잠깐 일하고 꿈을 찾아 떠나겠다는 사람조차 '일 년만 더, 조금만 더'를 반복하다 뜻밖의 장기근속에 이르게 된다. 모두가 비슷한 삶의 궤적을 따라 살아가고 있으므로 자신의 인생만이 가혹하다고 원망할 필요는 없다. 그나마 월급 덕분에 가족이나 주변을 돌보는 일에 보탬이 될 수 있다는 사실을 떠올리며 위안을 삼아보자.

일상에서 쉽게 접하지 못할 다양한 지식과 경험, 고민을 마주할 기회를 제공한다는 점 역시 회사의 장점이다. 업무 관련 지식은 물론 다양한 직업적 삶을 엿볼 수도 있다. 이쯤 되면 마냥 나쁘다고만 하기엔 회사 입장에서도 억울한 점이 있을 듯하다.

고통의 근원

/

업무상 번거로운 문제가 생기는 바람에 '이 사람에게 돌을 던지라'라는 식으로 각종 위원회와 회의에 끌려다니던 분이 있었다. 그에게 이렇게 고생할 바엔 차라리 인사이동이라도 요청해 소나기를 피하는 편이 낫지 않겠냐고 위로 겸 조언을 건넸다. 그러자 그는 이렇게 말했다.

"편해지면 평소라면 무감했던 사소한 일도 고통스럽게 느껴지더라고. 자리를 옮기면 그곳 나름의 고통이 있겠지. 어디서 고통스러워하냐의 문제일 뿐 사는 건 다 비슷하지 않을까?"

마치 삶에는 고통의 정량이라도 있다는 듯 담담하게 말하는 그의 이야기를 듣고 보니 비관적인 세계관이나마 고개가 끄덕여졌다.

그렇다. 우리는 일의 고통과 권태로운 삶에 지친 나머지 일터를 만악의 근원으로 지목한다. 그런데 일터를 미워하기에 앞서 그 대상을 더 정교하게 지목할 필요가 있다. 만약 원인을 제대로 파악하지 못한 나머지 일터를 떠났는데도 고통이 여전하다면 어떻게 할 것인가? 경제적 걱정은 차치하고서라도 미래에 대한 불안, 생각지도 못한 역할 및 존재감 상실, 인간관계 단절, 작은 일에도 예민해지는 정신적 고통이 찾아오기라도 한다면? 이는 일터에도 자신에게도 참으로 미안한 일이 될 것이다.

사실 만악의 근원은 일이 아니라 고통이 천연덕스럽게 깃들어 있는 일상일지 모른다. 그렇기에 러시아 형식주의 비평가들은 예술의 사명을 일상의 극복이라 생각했다. 예컨대 창을 열면 꽃밭이 펼쳐진 집에 사는 사람은 이사하고 얼마간은 아름다움을 만끽하지만, 시간이 지나면 무감해지는 동시에 권태가 슬며시 발을 내밀기 시작한다. 그렇다고 매번 이사를 하거나 일상을 바꾸기도 쉽지 않다. 그런 면에서 형식주의자들은 무뎌진 감각을 되살려 다시금 새롭게 일상을 바라보게 만드는 것을 예술의 사명이라 믿었다. 그런 예술의 사명은 어떤 원리로 실현될 수 있을까?

얼마 전 회사 동료와 함께 벤치에 앉아 별생각 없이 봄 풍경을 바라보고 있었다. 바람이 불자 벚꽃이 눈처럼 날려 바지 위로 내려앉았다. 동료가 갑자기 "초속 5센티미터"라고 중얼거렸다. 벚꽃이 날리는 장면이 유난히 아름답게 묘사된 영화 〈초속 5센티미터〉가 그의 뇌리에 떠오른 것이다. 그 말을 듣고 벚꽃나무를 다시 바라봤다. 영화의 대사와 쓸쓸한 노랫소리가 마음 한쪽에 벚꽃잎이 날리듯 서서히 밀려오면서 흑백 필름으로 변한 봄이 12K 고화질로 되살아나기 시작했다.

다시 봄과 꽃의 아름다움을 느끼게 하는 것, 주변의 소중한 사람들이 얼마나 사랑스럽고 가치 있는지를 알아보게 하는 것. 그것이 러시아 형식주의자들이 주장한 '낯설게 하기'란 기법이다. 그렇다면 퇴색된 일터를 생기 넘치는 공간으로 바라보게 만드는 '낯설게 하기'는 어떻게 해야 가능할까?

일터에 대한 은유

노벨문학상 수상 작가인 오에 겐자부로(大江健三郎)는 『'나'라는 소설가 만들기』에서 일상화되고 자동화된 감정을 낯설게 표현하여 생생한 느낌을 더하는 문학이론가 빅토르 시클로프스키(Viktor Shklovsky)의 '낯설게 하기'를 창작 방법론으로 삼았다고 밝힌 바 있다. 우리 역시 이 개념을 일상에 적용하기 위해 창작과 은유의 관점에서 삶을 바라보는 태도가 필요하다.

천상병 시인은 〈귀천〉이란 시에서 삶을 소풍이라 은유한다. 새벽녘에는 이슬, 저녁에는 노을과 함께 기슭에서 놀다가 구름이 손짓하면 돌아가는 삶이란 아름답지 않을 이유가 없다. 노벨문학상을 수상한 소설가 가와바타 야스나리는 『설국』에서 주인공의 시선을 통해 삶을 눈에 은유한다. 눈은 계절이 변하면 녹아 사라지기에 모든 삶은 '헛수고'라 냉소한다. 하지만 소설 막바지에 이르러 무의미한 사라짐이 갖는 역설적인 아름다움을 발견한다. 우리 역시 언젠가 녹아서 사라지기에 투명한 눈처럼 빛날 수 있음을 깨닫는다.

이처럼 은유는 일상을 바라보는 태도와 세계를 해석하는 관점을 형성한다. 내게 일터는 '가고파 섬'에 가기 위한 정기선이다. 배에는 자신만의 목적지가 적힌 티켓을 쥔 여행자로 가득하다. 정기선의 항로에는 암초가 잔뜩 숨어 있고, 풍랑이 치면 배가 크게 기울며 불안과 공포가 찾아온다. 하지만 맑은 날에는 뱃전으로 나가 분기공으로 물보라를 뿜는 혹등고래도 보고, 뱃머리에서 경주를 벌이는 귀여운 돌고래 떼도 보게 된다. 아침에 일찍 일어나는 날에는 수평선 너머 해돋이의 장관도 구경할 수 있다.

이 배의 여행자는 선원의 역할도 겸하고 있다. 돛을 펼치고도 바람이 불지 않으면 맨손으로 노를 젓기도 하고 빛이 전혀 들지 않는 캄캄한 기관실에 내려가 엔진을 점검하다가 옷이 더러워질 때도 있다. 그래도 가고파 섬이 점점 가까워지고 있기에 참을 만하다.

그러나 배가 암초에 걸리거나 강한 해류에 휩쓸려 항로에서 벗어나면 탈출하거나 뛰어내려야 한다. 심연을 알 수 없는 캄캄한 밤바다 위에 떠 있으면 공포를 압도하는 고독과 우울감이 찾아온다. 하지만 눈물을 닦고 서서히 팔을 움직이며 손을 휘저어 수영을 시작한다. 그렇게 포기하지 않고 나아가다 보면 항로를 지나는 다른 정기선에 운좋게 올라타게 되기도 하고, 작은 구명정을 붙들고 버티다가 운명처럼 가고파 섬의 해안가에 닿기도 한다.

가고파 섬은 누구나 가질 수 있다. 경력과 경험을 채워 바라던 직장에 들어가는 입사와 이직의 섬, 책을 써내는 작가의 섬, 원하는 공부를 해보는 학문의 섬, 소외된 이웃을 돕는 봉사의 섬, 아름다운 새를 보러 다니는 탐조의 섬…. 마음의 지도에 그려 넣기만 하면 가고파 섬이 생긴다.

여행자의 마음가짐

"만약 운이 나빠 가고파 섬에 가지 못하면 어떻게 될까?"

이 물음에 대한 답은 이미 가고파 섬에 도착한 사람을 보면 알 수 있다. 그는 섬에 도착해 처음엔 이곳저곳을 둘러보며 즐거워하지만, 시간이 지나면 해안가에 나와 또다시 저 멀리 있는 섬을 조망한다. 얼마 뒤 나룻배를 만들어 노를 저어 가거나 혹은 근처를 지나는 정기선에 올라타고 또 다른 미지의 섬을 향해 여행을 떠난다. 가고파 섬에 한 번이라도 가본 사람은 여행의 목표가 목적지에 도착하는 데 있지 않다는 사실을 깨닫게 된다.

"인생이란 우리가 호기심 많은 여행자로 태어났음을 깨닫는 여정이다."

"우리는 섬을 정복하는 자가 아니라 세상을 경험하는 여행자다."

우리는 바다에 뛰어들어 돌고래와 교감하고, 정기선에서 떨어지거나 폭풍우를 만났을 때 용기를 내 "괜찮아, 너는 섬에 갈 수 있을 거야"라고 서로를 격려해 주는 여행자다. 어쩌면 궁극적인 가고파 섬은 힘들 때 다른 사람의 어깨에 기대어 위로를 받으며 다시 힘을 내는 여정 그 자체인지도 모른다.

일터는 미워할 대상이라기보단 조용히 굴뚝에서 연기를 뿜어내는 정기선에 가깝다. 고통의 원인이자 극복하고 낯설게 바라볼 대상은 일상이다. 일상의 탈출은 마음의 지도에 가고파 섬을 그려 넣는 행위에서 시작된다.

이직을 하거나 퇴직을 해서 괴롭다면, 항로에서 벗어난 배에서 뛰어내려 다른 배로 갈아타는 중이라고 은유하자. 어렵게 도착한 섬이 예상과는 다르거나 흥이 나지 않는다면, 또 다른 섬으로 떠날 준비를 하자. 여정에서 만난 사람에겐 친절을 베풀고 힘들 때 기댈 수 있도록 어깨를 빌려주자. 삶이란 여행은 자신의 작은 친절로 완성된다고 믿어 보자. 우리는 이미 수많은 섬을 지나쳐 온 프로 여행자인 만큼 이 정도는 얼마든지 할 수 있다.

25. 은유로 일상을 새롭게 하기

* '회사 때문'이라는 말 뒤에 숨겨진 진짜 원인을 용기 있게 바라
  보자.
* '낯설게 하기' 기법처럼 자신만의 은유로 무뎌진 일상의 감각을
  회복하자.
* 회사는 섬에 가기 위한 정기선이고, 자신은 프로 여행자임을
  깨닫자.

어쩌다 보니 장기근속

저는 지상파 방송사에서 20년 넘게 일하고 있습니다. 링에 오르기 전에는 모두 나름의 계획을 지니고 있다고 하지요. 원래 잠시 일할 생각으로 입사했는데, 삶은 흙탕물 위의 뗏목처럼 제 의도와는 무관하게 흘러갔습니다. 20년 넘게 한 직장을 다닌다고 하면, 아내 친구들은 "일하는 거 힘들다고 하더니 남편이 아직도 회사에 다닌다고?"라며 악의 없는 놀람을 표한다고 합니다. 일하기 힘들다고 여기저기 투덜댄 게 부끄러워집니다.

어쨌거나 제법 오랜 시간 한 회사에 다니며 '이 부서는 어떨까?', '이 일은 재밌을까?' 싶어 홍보부터 문화사업, 편성, 뉴미디어, 기획, 경영까지 다양한 부서에서 일해 봤습니다. 덕분에 해외 방송사는 물론 공연 기획사, 통신사, 가전사, 디자인 회사, 통계 회사, 영상 제작사, IT 플랫폼, 공공기관까지 다양한 회사의 사람과 일할 기회가 있었습니다. 그들이 하는 일과 일터를 간접적으로 들여다보면서 한 가지 의문이 들었습니다.

"일터는 모두 다르지만, 그 안에서 살아가는 사람들은 비슷하다. 왜일까?"

회사는 저마다 달랐지만, 그 안에서 일하는 사람들의 삶과 애환은 비슷했습니다. 그들은 서로에게 "힘드시겠어요"라고 한 마디 건네는 것만으로도 눈물이 터져 나올 만큼 강한 유대감을 갖고 있었습니다. 카카오 브런치 플랫폼 구독자들로부터 자신이 일하는 회사 사내망에 제 글을 공유하고 싶다는 메일을 받을 때면, 동료와 함께 읽고 가치 있게 일하고 싶다는 마음이 느껴져 감동하기도 했습니다. 서로 다르면서도 모두 같다는 것, 다름을 넘어서 같음을 공유하는 마음이 이 책을 쓰게 된 동기가 됐습니다.

"나는 나야!"

"나는 남들과 다르게 살 거야!"

누구나 나다움을 찾는 것, 남과 다르게 사는 삶을 추구합니다. 하지만 한 발 떨어져 보면 너 나 할 것 없이 시계태엽 톱니바퀴처럼 한 방향으로 움직이고 있음을 발견하게 됩니다.

우리는 졸업을 앞두고 취업의 좁은 문 앞에서 좌절하고 괴로워합니다. 운 좋게 회사에 들어가 3년 정도 정신없이 지내다 보면 '이게 과연 옳은 길일까?'란 의구심이 듭니다. 그렇게 10년 정도 일해서 회사의 중추 역할을 할 때쯤 번아웃이 찾아옵니다. 하지만 그때쯤 되면 회사를 그만두기 어려운 이유가 생겨납니다. 부모님 건강이 걱정되기 시작했고, 결혼을 했으며 아이가 태어났습니다. 갚아야 할 대출 원금과 이자도 불어난 상태입니다.

가정을 꾸리고 사회인으로 인정받기 위해 이를 악물고 하루하루 버티듯 살아가다 보면 어느덧 마흔이 넘어 오십을 향하게 됩니다. 경험과 지식은 최고조에 달해 있는데 회사에서 입지는 이상하리만큼 좁아져만 갑니다. 보직을 맡지 못하면 동기와 후배 눈치가 보여 퇴직을 고민하게 됩니다. 보직을 맡은 이들도 위아래의 관계에 억눌리면서도 보직 상실의 공포 속에 살게 됩니다. 초 패왕 항우가 사면초가의 위기 앞에 한탄하며 부른 "아직 힘은 산을 뽑을 만하고 기개는 세상을 덮을 만하나, 때가 불리하니 사랑하는 나의 말조차 나아가지 않는구나!"란 노래는 이즈음 퇴사를 고민하는 중년 직장인을 위한 것 같습니다.

이렇게 보면 우리 삶은 정말 이상할 정도로 닮아있습니다.

우리는 성장 배경도 걸어온 길도 직업도 다르지만 비슷하게 살아갑니다. 언제부터 비슷한 삶의 수레바퀴에 얽혀든 걸까요? 혹시 내가 불성실했거나 안이했던 건 아닐까요?

남과 비슷한 삶의 궤적에 자책하지 않아도 됩니다. 다들 비슷하게 산다는 건 생로병사의 굴레에서 벗어날 사람이 없는 것과 마찬가지로, 우리 삶은 그렇게 예비된 것임을 말해주는 증거이기 때문입니다. 따라서 회사에서 가늘고 길게 버티는 것도 잘하는 일이고, 기세 좋게 퇴직해 새로운 도전에 나서는 것도 잘하는 일입니다. 남과 다른 삶이란 무슨 일을 하고 어떤 지위에 있는 게 아니란 걸 이즈음의 우리는 알기 때문입니다.

"다를 수 있는 건 길이 아니라 길 위에 서는 마음이다."

IMF 시절, 환율이 오르는 통에 그간 이일 저일 아르바이트해 모은 돈으로는 어학연수를 갈 수 없게 됐습니다. 답답한 마음에 혼자서 계룡산을 오르기 시작했습니다. TV 뉴스 한 장면처럼 정리해고를 당한 걸 집에 말하지 못하고, 출근하듯 양복을 입고 구두를 신은 채 산을 오르는 분들이 제법 있었습니다. 예상보다 산이 거칠어 물 한 모금씩 마시며 쉬엄쉬엄 올라가고 있었는데, 지긋한 중년의 신사가 말을 걸어왔습니다.

"학생이 산에 오르는 걸 보니 나와는 사는 방식이 다르다고 느꼈어요."

무슨 말씀인지 묻자, 그분은 산 중턱 돌바위에 기대선 채 이야기했습니다.

"우리 세대가 살아온 방식은 산을 오르겠다고 마음먹으면 땅만 보며 쉬지 않고 걸어요. 늘 그런 식으로 정상까지 가지요. 그런데 학생은 열심히 오르다가 좋은 풍경이 나오면 한참 감상하고, 또다시 오르다가 하늘도 보고 새소리도 듣고 그러더라고요. 어차피 둘 다 정상에 오를 텐데 말이에요."

제가 멋쩍어하며 "아, 예⋯"라고 하자, 그분은 미소를 지으며 말씀했습니다.

"학생이 쉬엄쉬엄 즐기면서 산을 오르는 게 좋아 보여서 한 말이에요."

회사에 다니고 바쁘게 일하게 되면서 가끔 산 중턱에서 만난 그분의 말씀이 기억나곤 합니다. 그분은 산을 오르고 언젠가는 목적지에 도착한다는 사실은 모두 같지만, 쉬엄쉬엄 즐기면서 산을 오르는 마음만큼은 다를 수 있다는 점을 알려주셨어요. 제가 길 위에 오르는 순간에도 그 태도를 변치 말라고 응원해 준 겁니다. 이 책을 쓰게 된 또 다른 동기는 어쩌면 그분이 전해준 말씀을 나누고 싶었기 때문인지도 모르겠습니다.

감사의 말

이 책은 일터와 일에 관한 이야기를 담은 만큼, 저와 같이 일하며 교훈을 주신 분들께 감사함을 전합니다.

무엇보다 약삭빠른 빌런처럼 살지 않아도 된다고 하면서도 자신은 매사 남을 위해 괴로워하는 통에 올바르게 사는 길에 서는 걸 망설이게 했던 덕 선배님이 떠오릅니다. 선배 덕분에 약함을 드러내더라도 포기하지 않는다면, 그건 오히려 강자가 사는 방식이란 점을 배웠습니다. 선배를 통해 만난 좋은 분들, 영, 구, 수, 지로 인해 회사가 궁극적인 고통의 근원이 아니라는 점도 깨닫게 됐습니다. 색 바랜 일상을 낯설게 하기 위한 움직임을 시작할 수 있었습니다.

이 책에 자주 등장하는 현자에 가까운 친구 욱종에게도 고마움을 전합니다. 자신이 하는 일에서 의미를 찾고자 노력하고, 환자에게 따뜻한 한마디와 작은 배려를 건네는 모습은 "내 친구예요!"라고 자랑하고 싶을 만큼 자부심이 차오르게 만들곤 합니다. 그가 음식물 쓰레기를 버리는 제 쓸쓸한 뒷모습을 떠올리며 선물한 최신 음식물 처리기는 정말 잘 쓰고 있습니다. 고맙다. 친구야.

"아빠 옆에는 잠깐만 누워도 마음이 편해진다니까!"라고 말하는 아들 율은 잘 자고 잘 놀고 잘 먹으며 무럭무럭 자라고 있습니다. 가끔 할머니가 유작으로 남겨주신 시집을 읽고 훌쩍거리면서 아빠의 성장 과정과 할머니 할아버지의 사랑이 오롯이 담긴 시의 기억을 공유해 줘서 고맙습니다. 아들아, 아빠 책도 가끔 읽어줬으면 좋겠구나.

책에서 유머를 위한 에피소드로 가끔 등장하는 아내는 "내 책 원고 좀 읽어줄래?"라고 부탁할 때마다 "오늘 하루 종일 논문 쓰느라 활자를 너무 많이 봐서 나중에…"라며 거절했지만, 사실은 나중에도 딱히 열심히 읽는 것 같진 않더군요. 어쨌든 고맙습니다. 같이 영화를 볼 때면 늘 먼저 잠들고 나서, "당신 옆에만 있으면 잠이 와서 끝까지 볼 수가 없다니깐"이라는 투

정도 그만큼 제가 편안한 사람이란 의미일 겁니다. 이런 아내와 해로하게 된 것도 행운이겠지요.

머스트리드북 대표께도 감사 말씀을 드립니다. 아무리 좋은 유기농 통밀도 오븐에 들어가 모락모락 빵으로 구워지지 않았다면 누구도 맛을 보지 못했겠지요. 이 이야기가 책으로 묶여 나오기까지 꼼꼼한 피드백과 응원을 보내주셔서 감사합니다.

마지막으로 이 책을 읽어주신 분들께 감사합니다. 글을 쓰는 동안 책을 읽고 있는 분들의 얼굴을 떠올렸습니다. 서로의 노동에 빚지고 있음을 저보다 먼저 깨닫고 "감사합니다"라고 따뜻한 말을 건네는 선한 분들의 목소리가 책을 쓰는 내내 음악처럼 들려왔습니다. 여러분과 함께 이 책을 집필할 수 있었던 건 참으로 큰 영광이었습니다.

참고문헌

가와바타 야스나리. 1979. 『이즈의 무희/ 설국 외』(강민 옮김). 금성출판사.

고쿠분 고이치로. 2014. 『인간은 언제부터 지루해했을까?』(최재혁 옮김). 한권의책.

데니스 뇌르마르크, 아네르스 포그 옌센. 2022. 『가짜 노동』(이수영 옮김). 자음과모음.

로제 카이와. 2015. 『놀이와 인간』(이상률 옮김). 문예출판사.

마셜 매클루언. 2006. 『미디어의 이해』(김성기, 이한우 옮김). 민음사.

매기 하이드. 2003. 『융』(방석찬 옮김). 김영사.

무라카미 하루키. 1998. 『오블라디 오블라다 인생은 브래지어 위를 흐른다』(김난주 옮김). 동문선.

무라카미 하루키. 2013. 『노르웨이의 숲』(양억관 옮김). 민음사.

미셸 푸코. 1999. 『광기의 역사』(김부용 옮김). 인간사랑.

미셸 푸코. 2020. 『감시와 처벌』(오생근 옮김). 나남.

빅터 프랭클. 2007. 『죽음의 수용소에서』(이시형 옮김). 청아출판사.

사마천. 2016. 『사마천 사기 56』(소준섭 편역). 현대지성.

아르투어 쇼펜하우어. 2023. 『의지와 표상으로서의 세계 외』(김중기 옮김). 집문당.

아리스토텔레스. 2005. 『시학』(이상섭 옮김). 문학과지성사.

아리스토텔레스. 2016. 『니코마코스 윤리학/ 정치학/ 시학』(손명현 옮김). 동서문화사.

아리스토텔레스. 2022. 『니코마코스 윤리학』(박문재 옮김). 현대지성.

알베르 카뮈. 1997. 『시지프의 신화』(이정림 옮김). 범우사.

어니스트 헤밍웨이. 2021. 『노인과 바다』(이수정 옮김). 더클래식.

오에 겐자부로. 2000. 『'나'라는 소설가 만들기』(김유곤 옮김). 문학사상사.

요한 하위징아. 2014. 『호모 루덴스』(이종인 옮김). 연암서가.

움베르트 에코. 2009. 『장미의 이름 상, 하』(이윤기 옮김). 열린책들.

이마누엘 칸트. 2002. 『도덕 형이상학을 위한 기초 놓기』(이원봉 옮김). 책세상.

정창영 편역. 2016. 『우파니샤드』. 무지개다리너머.

제러미 리프킨. 2010. 『공감의 시대』(이경남 옮김). 민음사.

제이 데이비드 볼터, 리처드 그루신. 2006. 『재매개』(이재현 옮김). 커뮤니케이션북스.

제인 호프. 2007. 『불교』(박지숙 옮김). 김영사.

조지프 캠벨. 2013. 『천의 얼굴을 가진 영웅』(이윤기 옮김). 민음사.

존 스토리. 2010. 『대중문화와 문화연구』(박만준 옮김). 경문사.

지오딘 사르다르. 2005. 『문화연구』(이영아 옮김). 김영사.

페터 지마. 2000. 『비판적 문학 이론과 미학』(김태환 편역). 문학과지성사.

프란츠 카프카. 1996. 『심판, 변신』(김현성 옮김). 고려원미디어.

플라톤. 2016. 『소크라테스의 변명/ 국가/ 향연』(왕학수 옮김). 동서문화사.

허먼 멜빌. 2001. 『백경 1, 2』(현영민 옮김). 신원문화사.

일터에 관한 낯선 시선

1판 1쇄 펴냄 2025년 11월 21일

지은이 김원

펴낸이 송상미
교정 박혜영
디자인 말리북 소:소
종이 페이퍼링크
제작 정민문화사

펴낸곳 머스트리드북
출판등록 2019년 10월 7일 제2019-000272호
전화 070-8830-9821
팩스 070-4275-0359
메일 mustreadbooks@naver.com
인스타그램 @mustreadbooks.kr

ISBN 979-11-93228-06-7 03190